世界と日本
がわかる
国ぐにの歴史

# 一冊でわかる
# オーストリア史

【監修】古田善文
Furuta Yoshifumi

河出書房新社

はじめに

# 一筋縄ではいかないオーストリアの歴史

オーストリアは、モーツァルトやシューベルト、ハイドンなど数多くの著名な音楽家を輩出《はいしゅつ》した「芸術の国」として、昔から多くの日本人のあこがれの対象でした。しかし、その歴史については、日本ではあまり知られていないかもしれません。

オーストリアは、複雑な歴史をもつ国です。中世から近世にかけてのオーストリアは名門ハプスブルク家の統治下、中欧《ちゅうおう》から東欧《とうおう》をまたぐ大帝国を形成していました。ところが、20世紀に入って帝国が崩壊《ほうかい》すると小国となり、一時的にですが強大なナチ・ドイツに吸収《きゅうしゅう》されてしまいます。

第二次世界大戦後、新生オーストリアは世界でも数少ない「永世中立国」として再スタートを切りました。この中立理念は、20世紀末のEU加盟や、2022年のロシアのウクライナ侵攻《しんこう》でも揺《ゆ》るがず、今のところは国民の多くの支持を集めているようです。

興味深いオーストリアの歴史を、本書で知ってもらえたらうれしく思います。

**監修　古田善文**

知って
びっくり!

# オーストリアの4つのひみつ

初めてオーストリア史にふれるあなたに、意外な事実を紹介します!

## ひみつ1

## 偽の文書がオーストリアの地位を高めた!?

1358年、オーストリア公に即位《そくい》したルドルフ4世は、カール4世による「金印《きんいん》勅書《ちよくしよ》」に対抗《たいこう》して、「大特許状《だいとつきよじよう》」という偽《にせ》の公文書を偽造《ぎぞう》させます。この文書内で主張した内容は、やがて実際のオーストリアの地位の向上につながります。

私がつくらせました

→くわしくは 57 ページへ

## ひみつ2

## 大公アルブレヒト5世があらゆる国の王になった!?

オーストリア大公アルブレヒト5世は、1438年の1月にハンガリー王、3月にドイツ王、6月にボヘミア王となりました。これにより、ハプスブルク家のもとに4つの国が統合《とうごう》されることになったのです。

→くわしくは 63 ページへ

アルブレヒト2世を名乗りました

## ひみつ3
# オーストリアは一時的に消滅した!?

ナチ・ドイツのヒトラーはウィーンに集まった観衆《かんしゅう》に向けてドイツとオーストリアの合邦《がっぽう》（アンシュルス）を宣言しました。一時的にオーストリアという国家が消滅《しょうめつ》し、ドイツの一部となります。

→くわしくは 150 ページへ

## ひみつ4
# 独立するために永世中立国になった!

1955年にモスクワで開かれた会談で、オーストリアを占領《せんりょう》していたアメリカ・イギリス・フランス・ソ連が、独立を認《みと》める方針を固めます。その条件はオーストリアが永世中立国になることでした。

→くわしくは 169 ページへ

さあ、オーストリア史をたどっていこう!

# 目次

## chapter 2 皇帝位が復活するまで



## chapter 3 ハプスブルク支配の確立

## chapter 6 戦後のオーストリア

## chapter 7 オーストリアのこれから



ひみつコラム

〈ウィーン国立歌劇場〉
1869年に完成した歌劇場。こけら落しではモーツァルトのオペラ「ドン・ジョヴァンニ」が上演された。第二次世界大戦で爆撃により建物が完全に破壊されたのち、1955年に再建された。写真は1898年ごろのもの。

# プロローグ

## さまざまな顔をもつオーストリア

みなさんはオーストリアと聞いて、なにを思い浮《う》かべるでしょうか。もしかしたら、豊《ゆた》かな「文化」かもしれません。

たとえば、オーストリアの首都ウィーンはクラシック音楽で有名です。演奏を聴《き》いたことはなくても、ウィーン・フィルハーモニー管弦楽団《かんげんがくだん》やウィーン少年合唱団の名前は聞いたことがあると思います。偉大《いだい》な音楽家のモーツァルトやベートーヴェンなども、ウィーンを活動の拠点《きょてん》としていました。

食文化も有名です。ザッハトルテというチョコレートケーキは、日本でも世界でも親しまれています。ワインやビールなど酒類の生産も盛《さか》んで、世界中に多くのファンをもっています。

文化の都であるウィーンは、かつてのハプスブルク帝国のお膝元《ひざもと》として栄《さか》えました。音楽のみならず、シェーンブルン宮殿《きゅうでん》やシュテファン大聖堂などの建築物、グスタフ・クリムトやエゴン・シーレといった近代絵画家も輩出しました。

## 現在のオーストリアの領土

## ウィーン

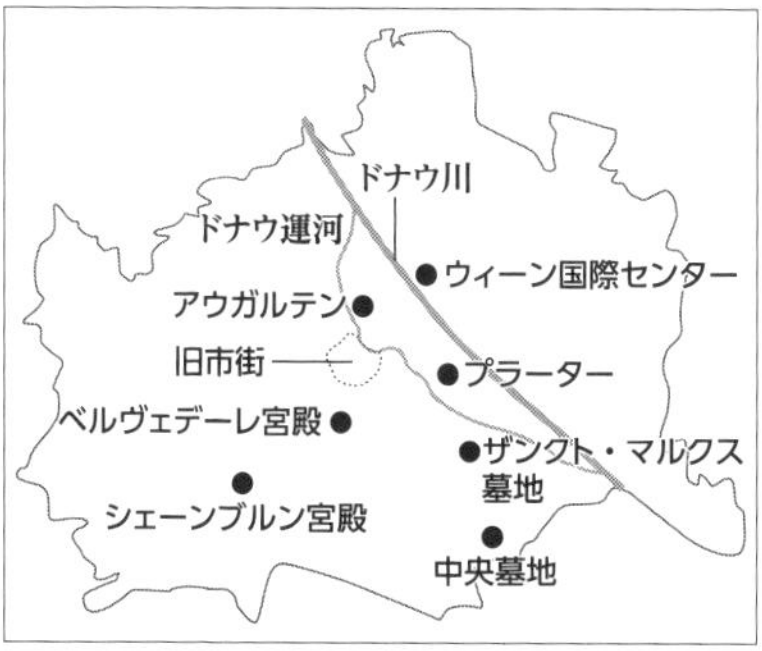


| 州名 |
|---|
| ❶ フォアアールベルク州 |
| ❷ チロル州 |
| ❸ ザルツブルク州 |
| ❹ 上オーストリア州 |
| ❺ 下オーストリア州 |
| ❻ ブルゲンラント州 |
| ❼ シュタイアーマルク州 |
| ❽ ケルンテン州 |

**総面積：約8.4万㎢**
**総人口：約892万人**
**ウィーンの人口：約192万人（2023年4月11日）**

※外務省 HP より

また、国家の独立と領土の安全を保障《ほしょう》され、戦争に参加しない永世中立国であること、大学までの学費が無料であることなどが知られているかもしれません。

そんなオーストリアの国土は、約8万4000平方キロメートルと北海道とほぼ同じ広さです。2023年時点の人口は約892万人で、大阪府よりやや多い程度です。

面積はさほど大きくありませんが、首都ウィーンには、国際連合ウィーン事務局があり、国際原子力機関（IAEA）や国連工業開発機関（UNIDO）などの本部が置かれ、ニューヨーク、ジュネーブに次《つ》ぐ「第三の国連都市」として機能しています。

オーストリアに住む人の民族構成はさまざまで、おもにドイツ系の人が多く、そのほかにもマジャール（ハンガリー）系、イタリア系、クロアチア系、スロヴェニア系など近隣諸国《きんりんしょこく》のルーツをもつ人もいます。

国土の大半は山岳地帯で、「西高東低」の地形となっています。スイス、フランス南東部、イタリア北西部からなるアルプス山脈西部は、きびしく険《けわ》しい山々です。山脈は東に向かうにつれて低くなっていき、アルプス山脈東部にまで至《いた》ると、なだらかな峠《とうげ》になります。

アルプス山脈はウィーン周辺で終わり、ボヘミアやハンガリー平原を構成するドナウ地方が続きます。

アルプス山脈を水源《すいげん》とし、ドナウ地方を流れていくドナウ川は、オーストリア北部を流れ、ウィーンの街の東部を過ぎたあと、スロヴァキアを経由《けいゆ》してハンガリーの首都ブダペストに入ります。ブダペスト周辺からは南に方角《ほうがく》を変え、セルビアの首都ベオグラードを通って、ブルガリアとルーマニアを流れ黒海《こっかい》に注《そそ》ぎ込みます。

オーストリアは歴史、地理、気候、民族、文化といったあらゆる点で多様な顔をもち、ひとくくりに語ることができない国です。

そんなオーストリアの歴史を、ここからひも解《と》いていきましょう。

オーストリアでの人類の活動は、約18万年前の更新世《こうしんせい》の時代にはじまります。エジプトやメソポタミアで都市文化が発達《はったつ》した紀元前5000年ころ、オーストリアは土器文化の段階にありました。人びとは牛、豚《ぶた》、羊《ひつじ》、山羊《やぎ》などを放牧し、原始的な農具を用《もち》いて農業を営《いとな》んでいました。

ボヘミア地方を中心として銅《どう》の技術が広がると、土器は用いられなくなり、銅製、後に青銅製《せいどうせい》の武器や装飾品《そうしょくひん》、器《うつわ》が使われるようになります。さらに後期青銅器時代にかけて、オーストリアでは、火葬《かそう》したあとに遺灰《いはい》を納《おさ》める骨壺墓地《こつつぼぼち》文化《ぶんか》が広がりました。

これには、バルカン半島から南ドイツやオーストリアへのイリュリア人の移住が関係しています。イリュリア人とは、紀元前3000年ごろからバルカン半島北西部に定住《ていじゅう》しはじめた民族で、紀元前1000年ごろにはギリシャやアナトリア（現在のトルコの一部）付近にも移動していたという説もあります。

後期青銅器時代の遺跡が数多く発掘《はっくつ》されていることから、イリュリア人がオーストリアに定着したあと、人口が増加したと考えられます。

chapter 1

# オスタリキがオーストリアに

## 独立王国からローマ属州へ

紀元前9世紀末になると、青銅器のかわりに鉄が使われるようになりました。鉄は、武器にすると青銅器よりも強力だったため、当時の政治勢力の攻防《こうぼう》に大きな役割《やくわり》を果たしたと考えられます。

紀元前8世紀から紀元前5世紀ごろまでの鉄器時代前期は、オーストリア中西部にあるハルシュタット遺跡から名前を取って「ハルシュタット文化期」と呼ばれています。

紀元前5世紀から、ガリア地域に住んでいたケルト人が大移動をはじめ、西はイベリア半島やブリテン諸島、南はイタリア半島北部、東はアナトリアにまで居住地を拡大していきます。ケルト人はオーストリアではおもに東アルプスに定着《ていちゃく》しました。

ケルト人は方言や文化が異《こと》なる小部族の集まりで、それぞれの部族単位で共同体の運《うん》営《えい》を行《おこな》っていましたが、紀元前2世紀ごろにノリキ族の族長《ぞくちょう》のもとで統合され、ノリクム王国が成立します。

ケルト人が団結して国家を築《きず》いた理由は、ローマがアルプス地域に強い影響力《えいきょうりょく》をおよぼしていたからです。ケルト人とローマ人との交易《こうえき》が活発になる一方で、ローマ軍とは土地や資源をめぐってたびたび衝突《しょうとつ》が起こりました。

北方からゲルマン民族が南下してくるようになると、ノリクム王国はローマとゲルマンの板挟《いたばさ》みともいえる立場に置かれます。ゲルマン民族のさまざまな部族がノリクム王国の領土に侵入《しんにゅう》してきました。ノリクム王のヴェッキオは、ゲルマンの首長《しゅちょう》アリオヴィストに妹を嫁《とつ》がせますが、紀元前49年からはじまったローマ内戦ではポンペイウスと戦うカエサルを支持します。

その後ローマでは、元老院派《げんろういんは》と帝政《ていせい》を志向《しこう》するマルクス・アントニウスにオクタヴィアヌスが紀元前31年に勝利し、初代皇帝となりました。

ローマ帝国《ていこく》は、さらにラエティア（現在のスイス東部と中央部、オーストリア最西部、チロルなど）、パンノニア西部（現在のオーストリア東部、スロヴェニアの一部、クロアチアの一部）を征服《せいふく》し、ゲルマニアにも向かいます。

しかし、9年にトイトブルク森の戦いでゲルマニア総督率《そうとくひき》いるローマ軍がゲルマン部族の指揮官《しきかん》アルミニウスの策略《さくりゃく》によって全滅《ぜんめつ》すると、ローマ帝国はライン川とエルベ川に挟《はさ》まれた地域から撤退《てったい》します。

一連の戦いのなかで、ノリクム王国はローマに敵対《てきたい》することはなかったため、軍務に動員されるなど、ローマの政府から信用されるようになります。その後、ノリクム属州《ぞくしゅう》としてローマに従属《じゅうぞく》し、ケルト人の首長のかわりにローマ人の総督によって統治《とうち》されました。

それまでノリクム王国の統治下にあったウィーン盆地《ぼんち》は、パンノニア属州に入れられ、ドナウ川右岸のヴィンドボナ（現在のウィーン）は重要なローマの軍事拠点《ぐんじ》となります。ケルト人の集落《しゅうらく》だったヴィンドボナにはローマ人が要塞《ようさい》を築き、のちにこの街は兵舎《へいしゃ》、浴場《よくじょう》、病院、武器工場などがある軍事都市へと発展していきました。

ノリクム属州の各都市は、イタリア半島のローマ本土や近隣の都市と道路網《どうろもう》によって結ばれ、人や物資が盛んに行《い》き交《か》います。

## 民族、大移動

ゲルマニアやそのほかの地域に住む民族が、2世紀後半ごろからローマ帝国へ侵入するようになりました。ローマ皇帝のマルクス・アウレリウスはみずから軍を率い、それらの民族の侵入を防《ふせ》ごうとしますが、苦戦が続きます。

ノリクム属州とパンノニア属州の防衛《ぼうえい》のため、ヴィンドボナは前線の軍事基地としてさらに重要になりました。ちなみに、マルクス・アウレリウスは、パンノニアでの戦いを指揮するため、ヴィンドボナに滞在中《たいざいちゅう》に病死します。

3世紀になると西方からアレマン族が侵入し、ローマ帝国はドナウ川上流地域（現在のドイツ南西部）を失いました。3世紀後半にゲルマン人がカルパチ盆地（ハンガリー盆地）に侵入し、ダキア属州（現在のルーマニアの一部）は西ゴート族の居住地となります。ノリクム属州やパンノニア属州にも、マルコマンニ族をはじめ諸部族がたびたび侵入しました。

### そのころ、日本では？

弥生《やよい》時代後期にあたる2世紀後半、日本でいわゆる「倭国《わこく》大乱《たいらん》」と呼ばれる大規模な争いがあったと、古代中国の複数の史書《ししょ》に記されています。この争乱は10年近く続きましたが、邪馬台国《やまたいこく》の卑弥呼《ひみこ》が女王になったことで収《おさ》まったとされています。

そこで、ディオクレティアヌス帝は帝国を4つに分け、それぞれ皇帝を置いて管理地域を小さくします。ノリクム属州、パンノニア属州もさらに分割《ぶんかつ》して統治されたことで、国境地帯の治安《ちあん》は一時的に回復しました。

## 東西に分かれたローマ

ゲルマン人などの民族が、4世紀後半以降になって西方に大移動を開始しました。中央アジアからやってきたフン族が黒海北岸からカスピ海北岸に到達《とうたつ》したのをきっかけに、さまざまな民族がローマ帝国のある西方に向けて移動していきます。

これにより国家の危機を迎《むか》えたローマ帝国は、政治・軍事の体制をふたたび改革《かいかく》する必要がありました。当時のローマ皇帝テオドシウスは、亡《な》くなる直前の395年に、帝国を二分割し、長男アルカディウスに東側（東ローマ帝国）を、次男ホノリウスに西側（西ローマ帝国）をあたえ、それぞれ統治するよう命じました。

現在のオーストリアにあたる地域は、西ローマ帝国に属《ぞく》します。ただし、当時の西ローマ帝国は諸民族の侵入によって防衛体制が崩壊しており、統治もうまくいっていませ

## ゲルマン人の大移動

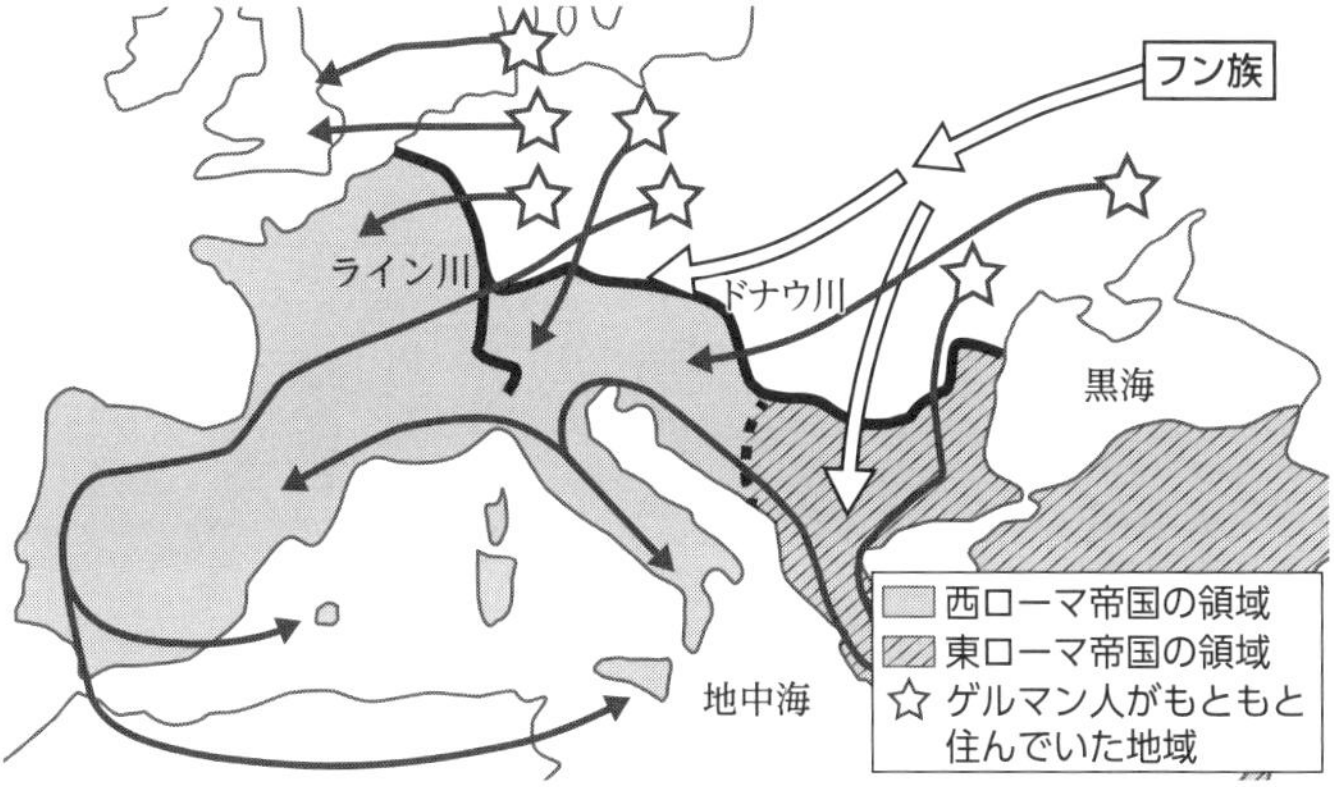


んでした。

カルパチ盆地に定住したフン族は、434年にアッティラ大王が率いるようになると強大化しました。しかし453年にアッティラ大王が亡くなると急速に弱体化します。

西ローマ帝国は、476年にゲルマン人傭兵《ようへい》隊長《たいちょう》オドアケルによって皇帝が追放され、崩壊しました。フン族のいなくなったカルパチ盆地には東ゴート族が移住し、その後イタリア半島で東ゴート王国を建国します。

東ゴート族をイタリア半島から追放したい東ローマ帝国は、ランゴバルド族にパンノニアでの居住を許《ゆる》すかわりに東ゴート族追放への協力を求め、東ゴート王国を壊滅《かいめつ》させます。しかし、ランゴバルド族は東方からやってきた遊牧民族《ゆうぼくみんぞく》アヴァールとスラヴ人に圧迫《あっぱく》されたため、イタリア半島に侵入し、ランゴバルド王国を成立させました。

一連の諸民族の移動と政治の混乱のなかで、パンノニアやノリクムにはガリアやイタリア半島をめざす諸民族が一時的に住みつきます。5世紀にはマルコマンニ族、520年にはランゴバルド族が定住しました。ランゴバルド族を追放《ついほう》したアヴァールはカルパチ盆地を拠点にし、強大な軍事力をもって周辺各地で略奪《りゃくだつ》をくり返します。

## フランク王国とアラブ帝国

北フランスからベルギー、オランダにかけての一帯では、フランク人を中心とした新たな動きが生《しょう》じます。

フランク人はサリ族やブルクテリ族など複数の部族が集まって構成されていました。もともとライン川東岸に住んでいたフランク人ですが、5世紀にライン川北部（現在のフランス、ベルギー、オランダ周辺）に移住します。5世紀後半にはサリ族のなかで力をもっていたメロヴィング家のクローヴィスが、ガリア北部にフランク王国を成立させました。

507年、クローヴィスは当時ガリア地域の最大勢力だった西ゴート族を倒《たお》し、現在の南フランスにまでフランク王国の領土を拡大します。

クローヴィスの死後、王国は息子たちに分割され、東北部のアウストラシア分王国《ぶんおうこく》、中西部のネウストリア分王国、東部のブルグンド分王国となりました。息子たちは、それぞれ領土を拡大します。

6世紀後半になると、オーストリア近辺ではバイエルン族が強大化していました。ただし、バイエルン族がどこから来たかはよくわかっていません。バイエルン族はアギロルフィング家を大公《たいこう》（王の下位にある君主の称号《しょうごう》）にしてバイエルン大公国を成立させました。

7世紀、アラビア半島にアラブ帝国という新たな勢力が誕生《たんじょう》します。イスラム教をおこした預言者《よげんしゃ》ムハンマドの死後、後継者であるカリフの指導のもと急速に拡大したアラブ人の国家です。アラブ帝国は7世紀後半には北アフリカにまで到達していました。

711年、アラブ軍がジブラルタル海峡《かいきょう》をわたってイベリア半島へ上陸し、西ゴート王国を滅《ほろ》ぼします。

アラブ軍はさらに北上しフランク王国に侵入しますが、732年にトゥール・ポワティエ間の戦いで、フランク王国の宮宰《きゅうさい》（宮廷《きゅうてい》でもっとも権威《けんい》のある官職《かんしょく》）カール・マルテルが率いる軍勢に敗《やぶ》れました。フランク王国では、勝利をもたらしたカール・マルテルのカロリング家の権威が高まります。

## 大事な防衛拠点

カール・マルテルの子である小ピピン（ピピン3世）がローマ教皇の支持《しじ》を得たうえで、メロヴィング家から王位を奪《うば》い、751年にカロリング家によるカロリング朝を成立させます。768年、小ピピンの息子カールが王位に就いてカール大帝となり、ヨーロッパ各地に軍事《ぐんじ》遠征《えんせい》を行いました。

791年と796年のカルパチ盆地への遠征では、カール大帝はアヴァールの本拠地を襲《おそ》い、多額の財宝《ざいほう》を奪います。これによってフランク王国は豊かになり、アヴァールを弱体化させました。

アギロルフィング家が統治していたバイエルンでは、フランク王国の支配に反抗《はんこう》して独立をめざす動きがでてきます。そのため、カロリング家はアギロルフィング家を大公の座から追放し、かわりにバイエルンを直接支配するようになりました。

カール大帝は帝国東部の防衛の要衝《ようしょう》として、ドナウ川の支流であるエンス川（現在のオーストリア北中部）、ドラウ川（現在のオーストリア南部）、ラーバ川（現在のオーストリア南東部とハンガリー西部）の間に挟まれた地域にマルク（辺境領《へんきょうりょう》）を設置しました。

通説では、この地域は当時「オスト・マルク（東方辺境領）」と呼ばれたと言われます。ここは、フランク王国の東部の防衛におい

て重要な地域となりました。

## フランク三分割

800年12月25日、カール大帝はローマの聖《せい》ペテロ大聖堂《だいせいどう》で、ローマ教皇レオ3世によって冠《かんむり》を授《さず》かり、「西ローマ皇帝」に就任します。ローマ帝国の正当な後継者《こうけいしゃ》である東ローマ皇帝ニケフォロス1世はこれを認めず、フランク王国と東ローマ帝国との間で領土をめぐって戦いが起こりました。

戦いの決着はつかず、812年にフランク王国が領土を諦《あきら》めるかわりに、東ローマ帝国はカール大帝の皇帝の称号を認めます。こうして、政治的・宗教的に東ローマ帝国から独立した「西ヨーロッパ世界」が成立しました。

814年にカール大帝が亡くなると、王国は三男ルートヴィヒが引き継ぎました。しかしルートヴィヒが840年に亡くなると、彼の息子たちが領土の分割相続《ぶんかつそうぞく》を主張し、激《はげ》しい権力争いをくり広げます。

その結果、843年のヴェルダン条約によって、フランク王国は中部フランク王国、

フランク王国の分割

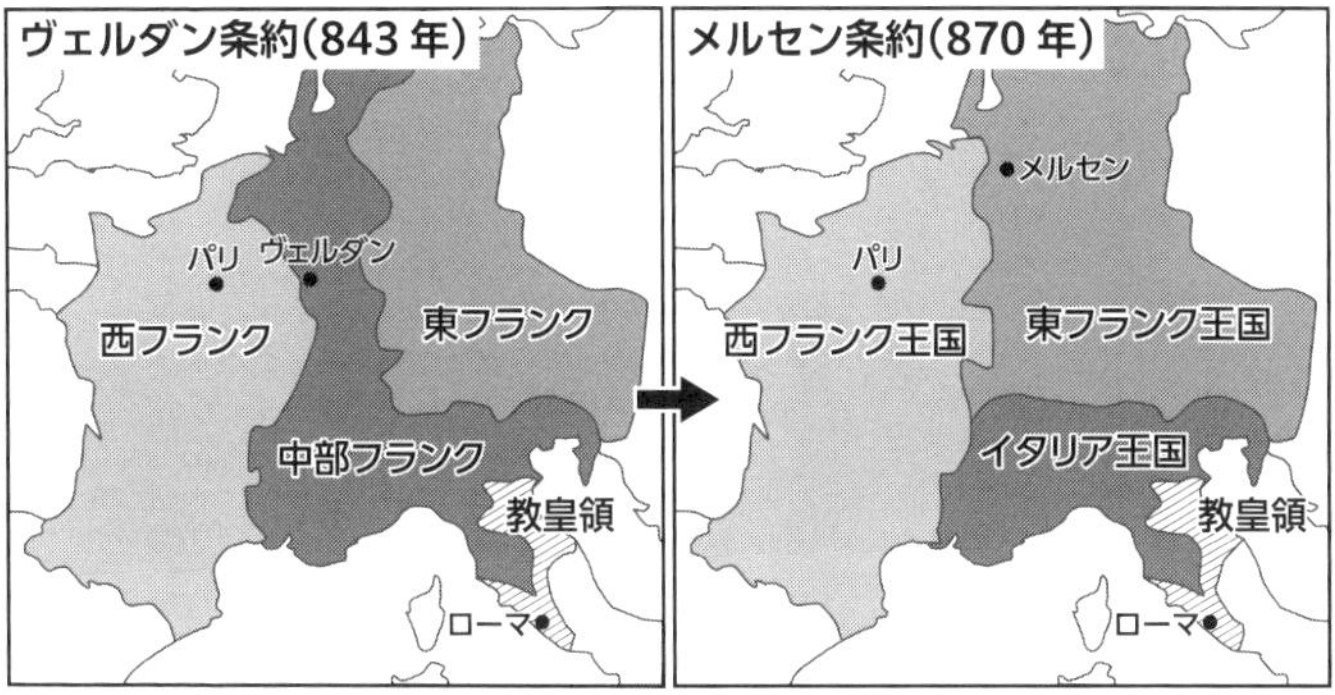


東フランク王国、西フランク王国の３つに分割されました。オーストリアは東フランク王国の領土に組《く》み込まれます。８７０年にはメルセン条約により、中部フランク王国は再分割されました。

バイエルンでは、東フランク王の側近《そっきん》だったルイトポルトが、８９３年にバイエルン全域を統治するバイエルン辺境伯に任命されます。ルイトポルトにはじまるバイエルン大公の家系はルイトポルト家またはアルヌルフィング家と呼ばれます。

ルイトポルトの息子アルヌルフは、バイエルンの自立性を高め、東フランクへの従属が強い辺境伯という称号ではなく、「バイエルン大公」と名乗《なの》りました。

## マジャール人の侵入

9世紀後半になると、現在のオーストリアにあたる地域にマジャール人が侵入します。マジャール人は現在のロシア、ウラル山脈中部から南部の付近で半遊牧的な生活をしていました。

しかし、テュルク系の遊牧民族によって土地を追われて西方に逃亡《とうぼう》し、9世紀後半に大首長アールパードに率いられカルパチ盆地を拠点とすると、マジャール人はブルガリア、東ローマ帝国、東フランク、モラヴィア（現在のチェコ東部）に遠征をくり返します。

マジャール人の攻撃により、ドナウ川流域にあったカロリング朝のマルクは消滅し、バイエルン軍は907年のプ

**そのころ、日本では？**

864（貞観《じようがん》6）年から866（貞観8）年にかけて、富士山が大規模な噴火《ふんか》を起こしました。この貞観大噴火により、富士山の北麓《ほくろく》にあった「剗《せ》の海」という巨大な湖の大半が埋《う》まってしまいました。なお、流れ出た大量の溶岩《ようがん》の上に新たに誕生した森林、青木ヶ原《あおきがはら》の樹海《じゆかい》です。

レスブルクの戦いで大敗しました。マジャール人はイタリア半島やフランス、イベリア半島にまで遠征し、略奪などを行います。

しかし955年、東フランク王国ザクセン朝のオットー1世がレヒフェルトの戦いでマジャール軍に勝利しました。その後、彼はイタリアに遠征してローマ教皇ヨハネス12世を助けた功績を讃《たた》えられ、962年に皇帝の称号と冠を受けます。こうして、神聖ローマ帝国がはじまりました。

## エスターライヒ(オスタリキ)の登場

バイエルンでは東側国境付近に設定《せってい》された新たな辺境伯として、976年にバーベンベルク家のリウトポルト(レオポルト)が任命されます。バーベンベルク家は、バイエルン大公家であるアルヌルフィング家と緊密《きんみつ》な関係にあったと考えられています。

バイエルン公やバーベンベルク家によって、11世紀はじめにはオーストリア東部を流れるライタ川まで辺境伯の領土は拡大されました。

また、バイエルンの一部だったカランタニア(現在のオーストリア南部とスロベニアの一部）は976年にケルンテン公領として独立します。

リウトポルトはクライン地方（現在のスロヴェニア中央部・カルニオラ）やシュタイアーマルク（現在の州）も征服《せいふく》し、周辺の小辺境領も従《したが》えます。こうしてオーストリア・シュタイアーマルクオーストリア中部から南部にかけての地域のドイツ人の支配が進みました。

リウトポルトは994年に死亡し、息子のハインリヒが辺境伯を継ぎます。ハインリヒの治世の996年に、バーベンベルク家の統治領域を指《さ》す言葉として「エスターライヒ（オスタリキ）」という名前が、神聖ローマ皇帝オットー3世の文書に登場《とうじょう》しました。

## オスタリキの領土の拡大

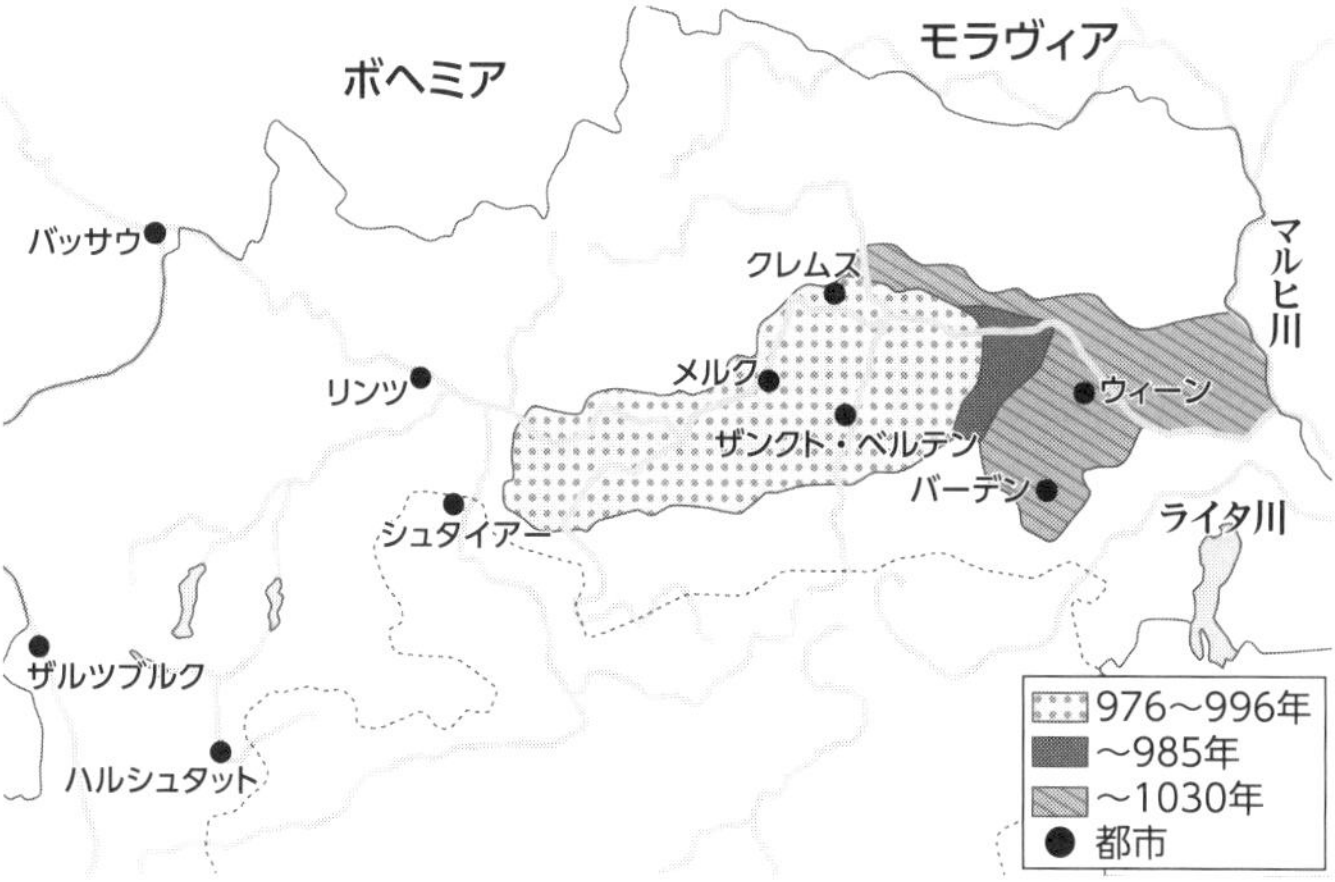


## ハンガリー王国の出現

レヒフェルトの戦いに敗れたマジャール人は、アールパードの子孫の大首長たちの指導のもとで改革に取り組みました。

まず、これまでの半遊牧的な生活をやめ、カルパチ盆地に本格的な定住をするようになります。

997年に大首長に就任したヴァイクは、ひとりの君主が支配する政治体制の構築《こうちく》をめざしました。各地の部族の首長たちと戦って勝利し、権力が自分に集中する体制をつくります。

そしてヴァイクはキリスト教の洗礼《せんれい》（キ

リスト教の信者になる儀式《ぎしき》のこと）を受け、イシュトヴァーンと改名《かいめい》しました。

イシュトヴァーンは1000年にローマ教皇シルヴェステル2世から贈《おく》られた王冠を受け、神聖ローマ皇帝オットー3世の同意も得たうえで、ハンガリー王国の成立を宣言します。

イシュトヴァーンは、首都のエステルゴムを拠点に、人びとへのキリスト教の普及《ふきゅう》を図《はか》りました。マジャール人がキリスト教徒《きょうと》になったため、バーベンベルク家は異教徒の征服という大義《たいぎ》を失い、領土を征服できなくなります。

## 皇帝と教皇の板挟み

11世紀、中世ヨーロッパの政治史に残る大事件が起こり、オーストリアにも大きな影響をおよぼします。神聖ローマ皇帝とローマ教皇との間で起きた、聖職者《せいしょくしゃ》の叙任権《じょにんけん》（任命権）をめぐった争い、いわゆる叙任権闘争《じょにんけんとうそう》です。

当時、カトリック教会の組織はローマ教皇をトップとする明確な階級制度《かいきゅうせいど》（ヒエラルキー）を保っていました。しかし、教会聖職者の叙任権は教会にはなく、皇帝や国王など世俗《せぞく》の権力者にあたえられていたのです。

お金を払《はら》えば神学の勉強をしなくても教会の職に就けるなど、不正がはびこっていることを問題視したローマ教皇グレゴリウス7世は、1075年に聖職者ではない人物による司教《しきょう》・修道院長《しゅうどういんちょう》の任命を禁止しました。

神聖ローマ皇帝ハインリヒ4世がこれに反発したため、叙任権問題は、皇帝と教皇の闘争へと発展します。皇帝と教皇は各地の国王や領主、伯にどちらを支持するかを選ばせました。

叙任権闘争がはじまった当初、オーストリア辺境伯レオポルト2世は皇帝側を支持したため、1076年に広大な地域を皇帝からあたえられます。

翌年、ローマ教皇グレゴリウス7世が神聖ローマ皇帝ハインリヒ4世に対して破門《はもん》（キリスト教社会での権利や身分を奪うこと）を宣言《せんげん》し、皇帝が真冬のカノッサ城を訪《おとず》れ、教皇に許しを求めました（カノッサの屈辱《くつじょく》）。このあと、レオポルト2世は教皇を支持するようになります。

レオポルト2世の裏切《うらぎ》りを受けて、ハインリヒ4世はオーストリア辺境伯領をボヘミア公にあたえました。1082年、レオポルト2世はオーストリア辺境伯領の占領をめざすボヘミア軍にマイルベルクの戦いで敗れたものの、在位中はオーストリア辺境伯の地位を維持《いじ》します。

## オーストリア公領の成立

レオポルト2世の死後、1095年にオーストリア辺境伯領を継いだ息子のレオポルト3世は、神聖ローマ皇帝に敵視《てきし》されないために、のちのハインリヒ5世に接近し、1106年に姉のアグネスと結婚します。皇帝一家と親戚《しんせき》関係になることで、バーベンベルク家の権力は高まりました。

レオポルト3世は、オーストリアにはじめてシトー派（きびしい規律《きりつ》を重んじる修道会）の修道院ハイリゲンクロイツを建設するなど、教会との関係の改善に努《つと》めます。

### そのころ、日本では？

1105（長治《ちょうじ》2）年、奥州《おうしゅう》藤原《ふじわら》氏の初代・藤原清衡《きよひら》が平泉《ひらいずみ》に釈迦如来《しゃかにょらい》と多宝如来《たほうにょらい》を安置《あんち》する多宝寺《たほうじ》を建立《こんりゅう》しました。これが、世界遺産に登録《とうろく》されている中尊寺《ちゅうそんじ》のはじまりとされています。奥州藤原氏は12世紀の終わりに滅亡しますが、中尊寺は源頼朝《みなもとのよりとも》の庇護《ひご》により存続しました。

一方で、支配領域の拡大をめざして貴族を排除《はいじょ》し、ウィーンの支配権も獲得《かくとく》しました。

1138年に、ドイツ王（ローマ教皇から正式な戴冠《たいかん》を受けていない初の神聖ローマ皇帝）となったコンラート3世は、ライバルのヴェルフ家のバイエルン公ハインリヒ10世の力を弱めるため、バイエルンの領土を没収《ぼっしゅう》し、バーベンベルク家のレオポルト4世にあたえました。

コンラート3世の治世だった1147年、ラテン語名「アウストリア」がはじめて現れます。以降、この地域が「オーストリア」と呼ばれるようになりました。

1152年にドイツ王となったフリードリヒ1世は、ヴェルフ家と和解《わかい》するために、バイエルンの領土をヴェルフ家に返還《へんかん》したため、バーベンベルク家とヴェルフ家が対立します。

1156年、レーゲンスブルクの議会で、オーストリア辺境伯ハインリヒ・ヤゾミルゴット（ハインリヒ2世）が領土をヴェルフ家に返還するかわりに、皇帝がオーストリアを辺境伯領から公国に昇格させることが決まります。こうして、オーストリアは公国となり、同年、オーストリアの首都はウィーンに移されました。

バーベンベルク家の領土

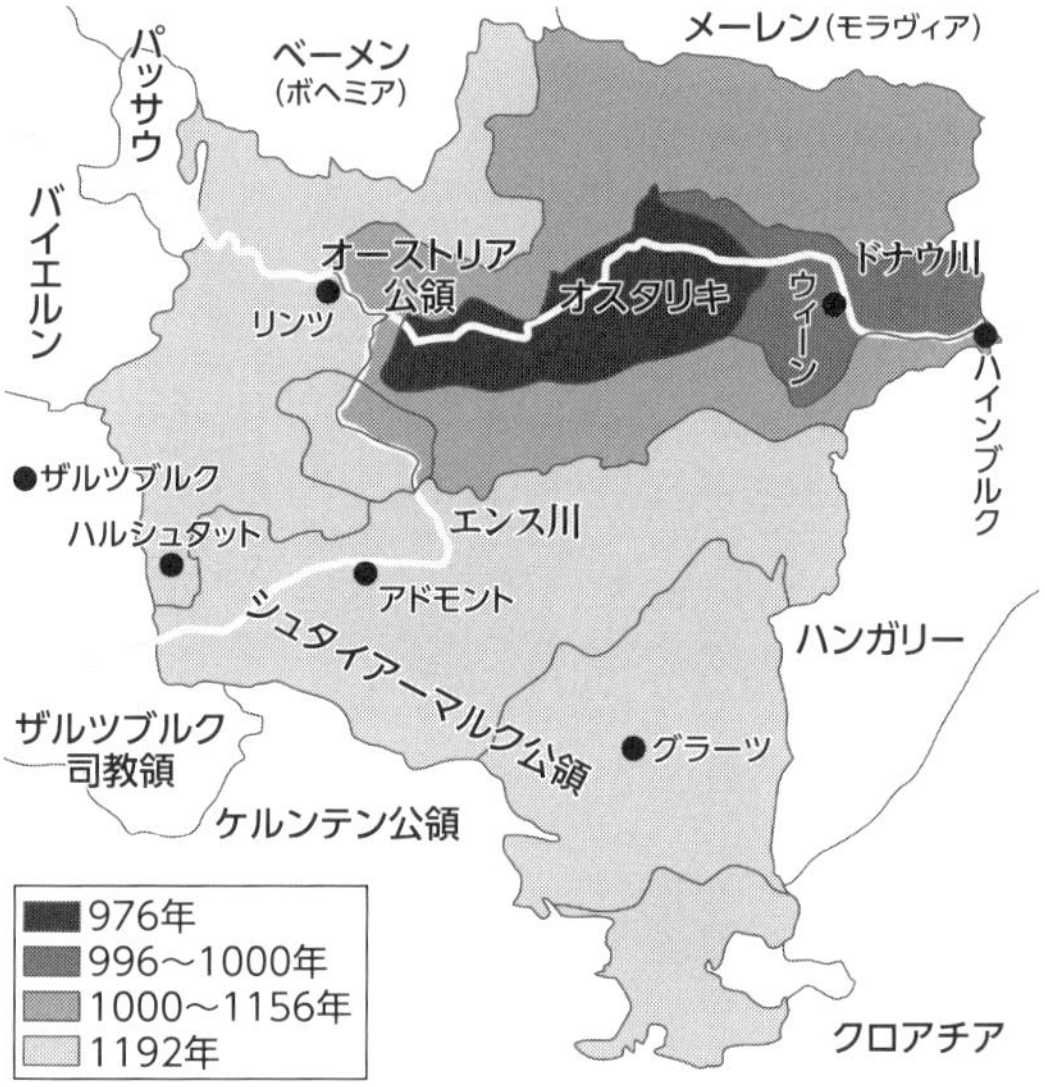


このとき、皇帝は「小特許状《しょうとっきょじょう》」と呼ばれる書面を発行し、オーストリア公の地位がヤゾミルゴットの子孫によって継承されること、オーストリア公の承認なしに裁判《さいばん》権《けん》を行使できないことなどを明記します。

こうして、オーストリア公国は神聖ローマ帝国の一部でありつつ自立した勢力となりました。

## アルプス東部の発展

アルプス東部地方でも、政治的な変化が起こります。バイエルンから独立したケルンテン公領では、アルヌルフィング家のあと支配者がなんども変わり、1122年からはシュポンハイム家の支配を受けるようになりました。

12世紀前半には、ケルンテン公領内のムーア川流域にあった地域が、貴族のオタカル家のもとで分離して独立し、シュタイアーマルク辺境伯領が成立します。

この地を支配するオタカル家は、通行税や関税《かんぜい》の取り立てを行ったほか、金属や岩塩《がんえん》の鉱業権《こうぎょうけん》を獲得《かくとく》しました。力をつけたオタカル家の君主は、12世紀後半には領邦君主《りょうほうくんしゅ》を名乗るようになり、この地はシュタイアーマルク公領となります。

１１９２年にオタカル家が断絶《だんぜつ》すると、シュタイアーマルクはバーベンベルク家の支配下に入りました。

現在はオーストリアとイタリアにまたがっているチロルや、オーストリア西部のフォアアールベルクでは、13世紀中ごろはまだ領邦国家ができておらず、複数の伯や司教が小さな地域をそれぞれ支配している状態でした。

## 知れば知るほどおもしろいオーストリアの偉人①

冷凍保存された先史時代の狩人

# エッツィ(アイスマン)

Ötzi

紀元前 3300 年ごろ

### 世界的に注目されたアルプス山中の遺体

1991年、現在のオーストリアとイタリアの国境付近のアルプス山中で、約5300年前の男性のミイラ化した遺体がみつかりました。標高《ひょうこう》約3200メートルあるエッツ渓谷《けいこく》で発見されたため、エッツィと呼ばれます。寒冷な気候により、自然に冷凍保存された状態でした。

エッツィの身長は約160センチメートル、推定《すいてい》46歳で、全身に60個以上もの入《い》れ墨《ずみ》があります。羊やヤギの皮をぬい合わせてつくったコートとレギンス、熊《くま》の毛皮の帽子《ぼうし》、干《ほ》し草をつめた靴《くつ》を着用しており、背中を矢で射《い》られて死亡したことが判明しています。

エッツィが生きていたのは、新石器時代から青銅器時代へ移行しつつある時期でした。身に付けていたものなどから、獣《けもの》を狩るだけでなく、羊や牛を飼育したり、農耕を営んだりしていたと推定され、エッツィは当時の人びとの暮らしを知る重要な手がかりとなっています。

chapter 2

# 皇帝位が復活するまで

## バーベンベルク家の最盛期

ハインリヒ・ヤゾミルゴットの息子レオポルト5世、その息子レオポルト6世の時代に、バーベンベルク家は最盛期を迎えます。

神聖ローマ皇帝フリードリヒ1世は、敵対していたヴェルフ家のハインリヒ12世（獅子公《しこう》）からバイエルン公領とザクセン公領を取り上げました。その地域のうち、リンツの東南部ハーゼルグラーベン渓谷とバイエルンに近い大ミュール川の間の地域をあたえられて、バーベンベルク家の領土は拡大します。

オーストリア公レオポルト5世は、1182年にはじまった第三回十字軍（キリスト教勢力によるエルサレム再奪還《さいだつかん》をめざした軍事遠征）にも参加し、キリスト教会に貢献《こうけん》します。

次のオーストリア公レオポルト6世は、シトー派修道院やガイラッハ修道院などの改《かい》装《そう》や、アルビジョワ派（キリスト教の異端《いたん》派）やイスラム教徒に対する攻撃《こうげき》、聖地エルサレムやエジプトへの十字軍の派遣《はけん》など、教会に対する支援《しえん》を進んで行いました。

また、自立貴族の資産や利権の没収を行う一方で都市の発展を支援し、1221年にウィーンに都市法をあたえます。これにより自立貴族は衰退《すいたい》し、公のもとでウィーンをはじめ都市は大きく拡大しました。

## ふたりのフリードリヒ2世、対立

1230年にレオポルト6世が死去し、第三子のフリードリヒ2世がオーストリア公位を継ぎました。彼はバイエルン、ボヘミア、ハンガリーと抗争《こうそう》をくり広げたほか、父の時代には良好だった神聖ローマ皇帝のフリードリヒ2世との関係を悪化させたため、「喧嘩公《けんかこう》」とも呼ばれます。

1235年、オーストリア公フリードリヒ2世はマインツの諸侯会議《しょこうかいぎ》において、国内外の敵や都市の代表者、貴族、教会、諸侯らに加え、母親のテオドラからも訴《うった》えられます。しかし、

彼が呼び出しに応《おう》じず、ハンガリー王ベーラ4世とも争いはじめたため、神聖ローマ皇帝フリードリヒ2世は1236年にオーストリア公に対し「帝国追放」を宣言しました。

皇帝の許可を得たボヘミア王やバイエルン公をはじめ周辺諸侯がオーストリア公国領を占領し、ウィーンも皇帝に直属《ちょくぞく》の自治権をもつ都市となったため、オーストリア公フリードリヒ2世は大半の領地を失います。

しかし、イタリアでのロンバルディア都市同盟とローマ教皇との争いに皇帝が巻《ま》き込まれると、オーストリア公フリードリヒ2世はかつての領土を取り戻しました。

## バーベンベルク家の断絶

13世紀半ば、東方からモンゴル帝国がヨーロッパへと侵入しはじめます。1240年にはロシアのキエフ大公国が崩壊し、ポーランドは1240年後半から1241年にかけて、ハンガリーは1241年にモンゴルの侵入を受け、いずれの軍も壊滅しました。

モンゴル遠征軍を率いるバトゥはウィーンをめざしますが、1242年に当時の君主チャガタイが亡くなったため遠征を中断《ちゅうだん》し、ハンガリーを放棄《ほうき》して撤退したので、オーストリア公国はモンゴル帝国の侵入を受けませんでした。

イタリアのロンバルディア都市同盟とローマ教皇の対立により、皇帝フリードリヒ2世はイタリア諸都市の保護を行います。ローマ教皇と神聖ローマ皇帝の争いは、周辺国や有力都市を巻き込む抗争に発展しました。

皇帝フリードリヒ2世はバーベンベルク家の支援を必要としていたため、オーストリアとシュタイアーマルクをバーベンベルク家の男子継承者が相続する王国に昇格《しょうかく》させ、オーストリア公フリードリヒ2世の姪《めい》ゲルトルートを自分の后《きさき》に迎える案を提案《ていあん》します。

皇帝はオーストリア公に子どもがいなかったため、ゲルトルートと結婚すれば、バー

### バーベンベルク家の家系図

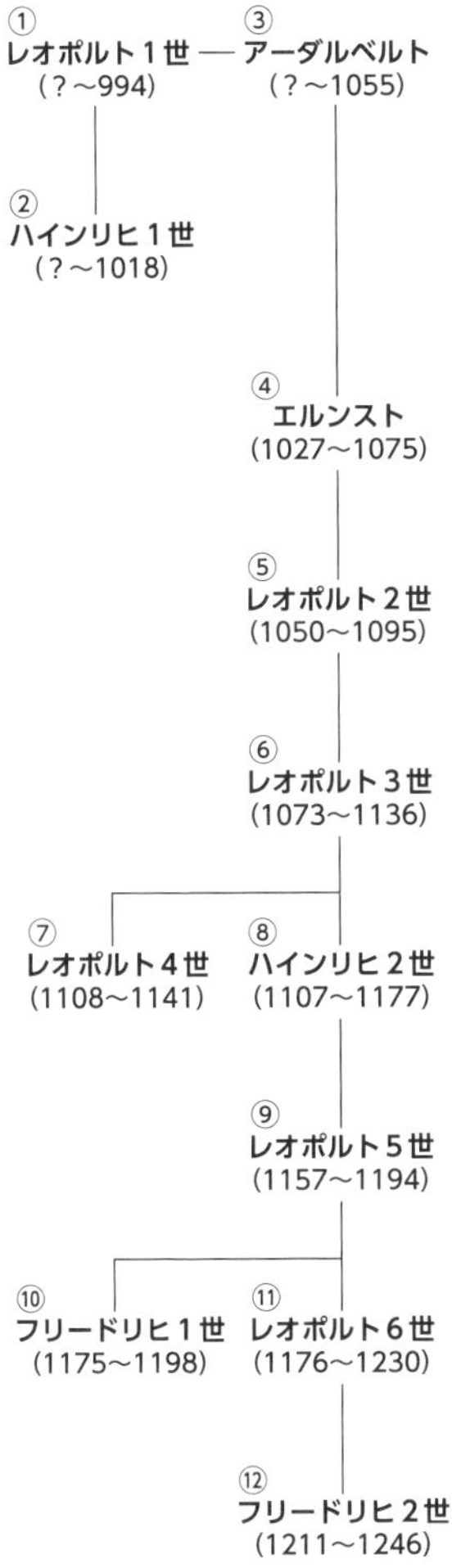

ベンベルク家の所領《しょりょう》の継承権《けいしょうけん》を得て、帝国領に編入《へんにゅう》できると考えましたが、姪本人が反対したためこの企《くわだ》ては失敗に終わりました。

これにより、オーストリア公国の王国への昇格は見送られます。1246年、オーストリア公フリードリヒ2世がライタ川でハンガリー軍との戦闘中《せんとうちゅう》に死亡したため、男子後継者のいないバーベンベルク家は断絶することになりました。

## オタカル2世の政治

バーベンベルク家の断絶後、オーストリアでは新たな支配者が決まらない状態が続きます。これに危機感を抱《いだ》いたオーストリアの貴族たちは、1251年にプシェミスル家のボヘミア王ヴァーツラフ1世の息子オタカル2世を公に選びました。翌年、オタカル2世は戦死したフリードリヒ2世の姉マルガレーテと結婚し、オーストリア公国の相続権を確保《かくほ》します。

1253年、オタカル2世はボヘミア王にも就任し、ドイツの内政にも積極的に介入《かいにゅう》しました。シュタウフェン家の支配が終了したあとのドイツ国王選挙にも参加し、ボヘ

## オタカルの領土

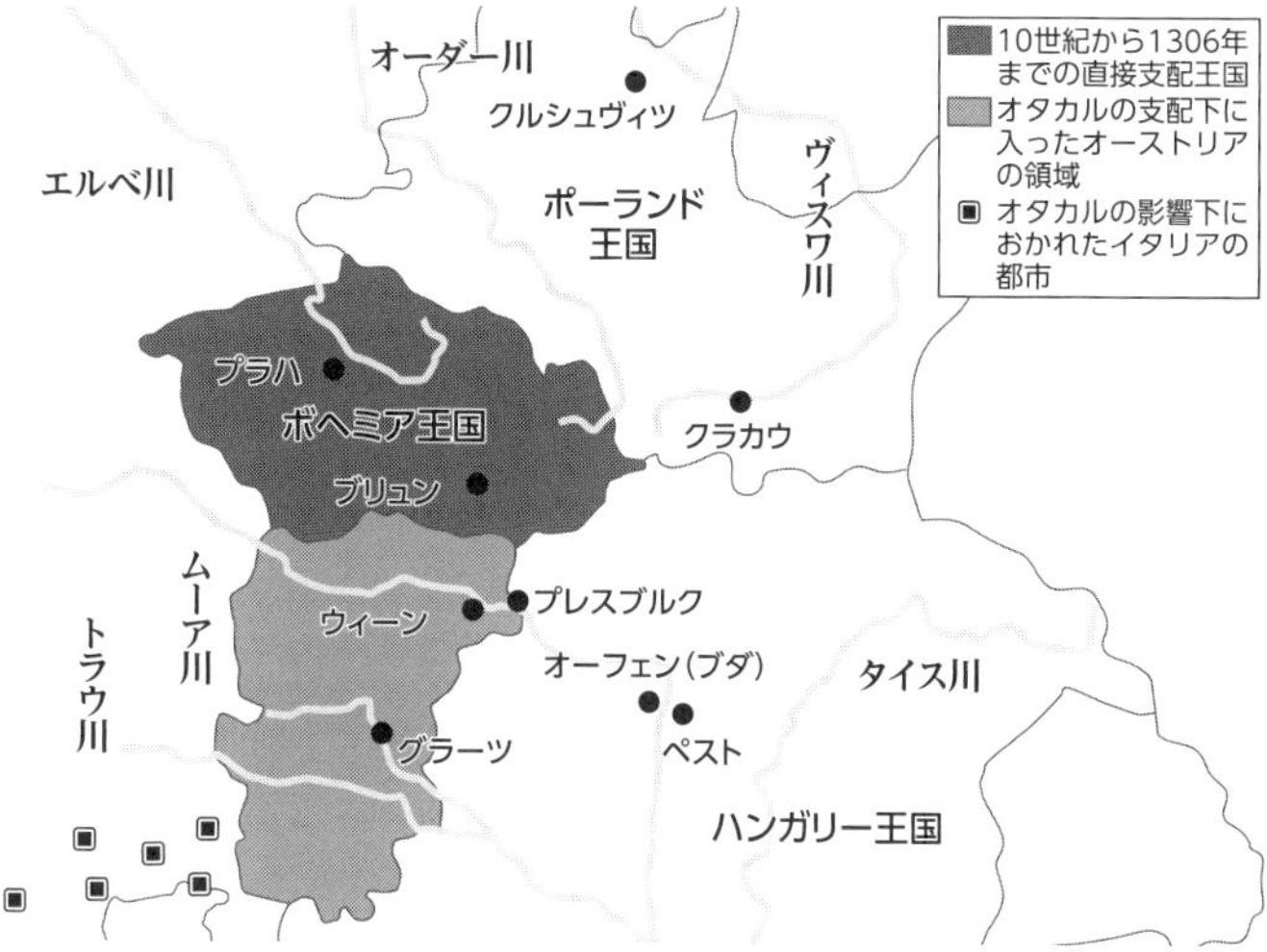


ミア王はドイツ王および神聖ローマ皇帝を選出する選挙権をもった7人の選帝侯（選挙侯）の一角を占《し》めるまでになります。

ドイツでは、ホーエンシュタウフェン家出身の皇帝コンラート4世が後継ぎを残さずに1254年に亡くなりました。しかし、次のドイツ王および神聖ローマ皇帝が決まりません。

オタカル2世は、ハンガリーの支配に抵抗するシュタイアーマルクの貴族を支援し、1260年にクレッセンブルンの戦いでハンガリー軍を倒すと、1261年にはシュタイアーマルクの支配権を確保《かくほ》します。

同じ年、オタカル2世はローマ教皇の同意を得てバーベンベルク家出身のマルガレーテと離婚《りこん》して、ハンガリー王べーラ4世の孫であるクニグンダと再婚《さいこん》します。その後、1269年にはシュポンハイム家よりケルンテン公領とクライン公領も相続しました。こうして、ボヘミアからアドリア海までがオタカル2世の支配地域となります。

## ハプスブルク家、登場！

「大空位時代《だいくういじだい》」と呼ばれるドイツ国王と神聖ローマ皇帝が不在の時期が続き、候補者選びが難航《なんこう》するなか、オタカル2世は王位への野心《やしん》をもっていました。彼以外にも、シチリア王カルロ1世（シャルル・ダンジュー）が、甥《おい》のフランス王フィリップ3世を王位に就かせようとしました。

諸侯は強力なドイツ王が現れることを嫌《きら》い、ハプスブルク家のルドルフ1世を推薦《すいせん》します。ハプスブルク家は現在のスイスのバーゼル付近のライン川上流の要塞ハービヒツブルク城周辺地域の小さな森林地帯を領地とする弱小貴族でした。

選帝侯の多数の支持を得てドイツ王に就任したルドルフ1世は、オタカル2世がバーベンベルク家領を不当に獲得したとして裁判を開始します。しかし、オタカル2世は訴えを受け入れず裁判への出席を拒否《きょひ》したため、ルドルフ1世は1275年に彼の「帝国追放」を宣言しました。

ドイツ国王軍と同盟軍がオーストリア諸邦《しょほう》に進軍すると、1276年にオタカル2世は降伏《こうふく》します。その後、オタカル2世はボヘミアとモラヴィアの領有《りょうゆう》を認められたものの、オーストリアからの撤退については拒否しました。このため、ルドルフ1世は1278年8月のマルヒフェルトの戦いで、彼を捕らえて殺害《さつがい》します。

こうして、オーストリア諸邦はハプスブルク家領となりました。1282年、ルドルフ1世の息子のアルブレヒトとルドルフ2世は共同でオーストリア公に就任し、オーストリア、シュタイアーマルク、クラインを統治しました。

## ハプスブルク家への反発

アルブレヒトが1283年にオーストリア公となると、ハプスブルク家に古くから従う多くのシュヴァーベン貴族がウィーン宮廷で働くようになります。このため、ウィーンの住民はシュヴァーベン人を「成り上がりの田舎者《いなかもの》」と非難《ひなん》するようになりました。

1287年、ウィーンでアルブレヒトの統治に対する市民の反乱が発生します。アルブレヒトは市民と貧《まず》しい人びとの対立を利用して抵抗を弱体化させ、反乱の鎮圧《ちんあつ》後にはウィーンから帝国自由都市の資格を剥奪《はくだつ》しました。

続いてアルブレヒトは、エンス川流域の支配権をめぐってザルツブルク大司教と争い、ドイツ王ルドルフ1世の調停《ちょうてい》で有利な条約を結びます。さらにルドルフ1世の命令で、教皇から破門を宣告《せんこく》されていたハンガリー王ラースロー4世が死んだ場合、王位をアルブレヒトにあたえる命令も出されました。ラースロー4世の従兄弟《いとこ》アンドラーシュ3世は、ルドルフ1世の命令を無視《むし》し、1290年にハンガリー王位に就きます。

1291年7月にルドルフ1世が死亡すると、息子アルブレヒトが次期ドイツ王の有力候補となりますが、選帝侯はハプスブルク家の勢力拡大を脅威《きょうい》に感じていました。加えてハンガリー王やボヘミア王、バイエルン公などもハプスブルク家を恐れていたため、彼らは同盟を結び、あわよくばオーストリアの領土を奪おうとします。

ハンガリー王アンドラーシュ3世は、ルドルフ1世の死後すぐオーストリアを攻撃します。アルブレヒトはルドルフ1世にあたえられたハンガリー王位の請求権を放棄し、ハンガリーと和議《わぎ》を結びました。

同じころ、ハプスブルク家の古くからの領地で「森林州」と呼ばれた3つの州で、ハプスブルクからの独立運動がはじまります。

1291年、3つの州は軍事面や経済面で助け合うことを誓《ちか》う「永久同盟《えいきゆうどうめい》」を結成しました。これが、スイス連邦の原型である「原初同盟《げんしよどうめい》」（盟約者団《めいやくしやだん》）のはじまりです。原初同盟はハプスブルク家支配からの自由と、当時の最高権力である神聖ローマ帝国の庇護を求めました。

1292年に実施された国王選挙で、弱小勢力のナッサウ伯アドルフがドイツ王に選出されます。ところ

が、アドルフはテューリンゲンを獲得しようとしたため、6人の選帝侯によって国王の座からの追放を宣告されました。

次に選帝侯が新たな国王に擁立《ようりつ》したアルブレヒトは、アドルフと1298年にヴォルムス近郊のゲルハイムで戦った際、騎馬《きば》による一騎討《いっきう》ちを行って勝利します。こうして、アルブレヒトは同年の国王選挙でドイツ国王に選出されたのです。

## ハプスブルク家からルクセンブルク家へ

ドイツ国王に就いたアルブレヒトは、ハプスブルク家の覇権《はけん》をさらに拡大し、ドイツ国家の基盤《きばん》を強化しようとします。彼は行政機構を拡大し、国の拡大のために必要な財《ざい》務基盤《むきばん》の整備を行います。彼は各地の公の所領を買収や接収によってハプスブルク家の荘園《しょうえん》（領主が経営する私有地）に取り入れていき、その収入はウィーンの財務長官のもとで管理しました。

1306年、ボヘミア王ヴァーツラフ3世がポーランド遠征中に暗殺《あんさつ》されると、アルブレヒトはボヘミアに攻め入り、息子のルドルフをボヘミア王に選出させます。ところが翌年、ルドルフが死んだため、反アルブレヒト派はケルンテン公ハインリヒをボヘミアの王位に就けました。

１３０８年5月、アルブレヒトはハプスブルク領のフォアランデに向かっていたところ、彼を憎《にく》む甥のヨハンとその仲間によって殺害されます。その後、オーストリア貴族やウィーン市民によるハプスブルク家への反乱が広がりました。

ハプスブルクの所領は、アルブレヒトの息子である兄のフリードリヒ（美公）が東のオーストリアを、弟のレオポルトが西のシュタイアーマルクを統治します。しかし選帝侯はふたりをドイツ国王に選ばず、フランス王家と婚姻関係にあったルクセンブルク家のハインリヒ7世を選出しました。

フランス国王フィリップ4世は、フランス人のローマ教皇を立てて教皇庁をアヴィニヨンに移転したり、選帝侯への影響力を強めて皇帝の選挙にも介入したりして、国際的な影響力を高めていきます。

ハインリヒ7世はハプスブルク家の兄弟と同盟を結び、アルブレヒトを暗殺した首謀《しゅぼう》者《しゃ》たちを捕《と》らえ、貴族やウィーン市民などの反乱を鎮圧しました。

## スイス連邦誕生のきっかけ

1308年、ドイツ国王にハインリヒ7世が即位すると、ボヘミアの貴族たちはその息子ヨハンがボヘミア国王にふさわしいと考え、1310年12月にケルンテン公ハインリヒを追放します。国王ハインリヒ7世、フリードリヒはともにこれを承認《しょうにん》し、ルクセンブルク公ヨハンがボヘミア国王となりました。

ハインリヒ7世は1312年にローマに遠征し、1250年から空位であった神聖ローマ皇帝となります。

1313年にハインリヒ7世がマラリアで病死すると、新たな皇帝選挙が行われ、バイエルン公ルートヴィヒとハプスブルク家のフリードリヒが候補《こうほ》となりました。当時は多数決で決めるという考え方がなく、ルートヴィヒは過半数の票を得たものの、フリードリヒは有力者のケルン大司教の支持を得ていたため、どちらも勝利を主張します。

ハプスブルク家の支配からの自由をめざす原初同盟は、バイエルン公ルートヴィヒを支持しました。1314年、ハプスブルク家保護下のアインジーデルン修道院を原初同盟が襲撃したため、フリードリヒは弟のレオポルトに制圧《せいあつ》を命じます。

しかし翌年、レオポルトの騎士団がモアガルテンの戦いで原初同盟の農民兵に敗れたため、フリードリヒはのちに「森林州」3州の自由と神聖ローマ帝国直属を承認します。この勝利が、スイス連邦の誕生のきっかけとなるのです。

## 災害つづきのオーストリア

皇帝の座をめぐる争いは、最終的に軍同士の戦闘となります。1322年、オーストリア公フリードリヒはバイエルンに侵攻しますが、ミュールドルフの戦いでボヘミア王ヨハンの支援を受けたバイエルン公ルートヴィヒの軍に敗れ、捕らえられました。

1325年にルートヴィヒとフリードリヒの間に妥協《だきょう》が

### そのころ、日本では？

1316（正和《しょうわ》5）年、北条高時《ほうじょうたかとき》が14歳で鎌倉幕府《かまくらばくふ》第14代執権《しっけん》に就任しました。しかし親族や家臣などに実権を握られ、飲酒や闘犬《とうけん》などにふけります。病のため24歳で執権職を降りて出家したのち、後醍醐天皇《ごだいごてんのう》が1331（元弘《げんこう》元）年に起こした元弘の乱で鎌倉幕府が滅びると自刃《じじん》しました。

成立し、ふたりはドイツ王ルートヴィヒ4世と、フリードリヒ3世として即位し、共同で統治します。

1330年にフリードリヒ3世が亡くなると、その2年前に神聖ローマ帝国皇帝の称号を手にしていたルートヴィヒ4世の単独統治となります。フリードリヒ3世の死後、ハプスブルク家領はフリードリヒの弟アルブレヒト2世とオットーが共同で統治します。

1335年、ケルンテン公ハインリヒの死後、皇帝ルートヴィヒ4世はハプスブルク家がケルンテンを領有することを認め、アルブレヒト2世とオットーが共同でケルンテン公となりました。オットーが1339年に亡くなると、アルブレヒト2世が単独で統治を行います。アルブレヒト2世は慎重《しんちょう》な性格で、武力による行動を控《ひか》えました。

その治世《ちせい》において、アルブレヒト2世はさまざまな災害への対応に追われます。1338年の蝗害《こうがい》（イナゴの大発生による飢饉《ききん》）、1340年と1342年の大洪水《だいこうずい》、1348年の地震《じしん》での被害《ひがい》に加え、1348年にはペスト（ヨーロッパの人口の3分の1に相当する死者を出したとされる疫病《えきびょう》）が大流行しました。

この状況に対し、アルブレヒト2世は綿密《めんみつ》な財政政策で国家の増収《ぞうしゅう》を図り、領地をよく訪れて人びととふれあったため、「賢公」と呼ばれ、人びとから慕《した》われました。アルブレヒト2世が1358年に亡くなると、長男ルドルフ4世にオーストリア公の位《くらい》が引き継がれました。

## ルドルフ4世の偽造文書

神聖ローマ皇帝カール4世のもとで、14世紀半ばからボヘミアの中心都市プラハは発展します。ドイツ人の政治的・経済的な力が強いボヘミアで、チェコ人は自信をつけ、ドイツ人の支配からの自立の機運《きうん》が高まっていました。

1356年、皇帝カール4世は「金印勅書《きんいんちょくしょ》」を発布し、国王選挙のルールを改めます。勅書には、ルクセンブルク家と敵対しているバイエルン公家ヴィッテルスバッハ家と、オーストリア公家ハプスブルク家を選帝侯会議から除外《じょがい》する内容が書かれていました。

1358年にオーストリア公に即位したルドルフ4世は、カール4世に対抗して公文書の偽造《ぎぞう》を命《めい》じます。この「大特許状《だいとっきょじょう》」は、領地や裁判権などについてオーストリアが有利になるような内容で、オーストリア公国はほかの選帝侯領と同様に領土を分割されないことなどが書かれていました。

　この文書でオーストリア公の地位が「大公（エルツヘルツォーク）」とされますが、この称号はルドルフ４世が独自に主張したものです。

　結局、偽造文書はカール４世によって無視され効力《こうりょく》を発揮《はっき》しなかったものの、この文書を根《こん》拠《きょ》にルドルフ４世はオーストリアの国の権威と権力の向上を主張し、以降オーストリア公はオーストリア大公と称《しょう》されました。

　ルドルフ４世はさまざまな建設事業を行ったことでも知られ、「建設公」とも呼ばれます。１３５９年のウィーンのシュテファン大聖堂の再建《さいけん》や、１３６５年のウィーン大学の建設を行いました。さらに、１３６３年にはチロル地方を獲得し、ドイツからイタリア半島に向かうルートを確保《かくほ》しています。

## 兄弟で統治

ルドルフ4世は1365年に26歳で亡くなりますが、息子がいなかったため、ふたりの弟アルブレヒト3世とレオポルト3世がオーストリア大公を継ぎました。ふたりは公位継承後の混乱を乗り切り、北イタリアのドゥイーノなど、アドリア海に面した地域も支配地域に組み込みます。

1370年、兄弟はふたりでオーストリア大公を担《にな》いつつ領地を分割します。兄アルブレヒト3世がオーストリア・ドナウ領域を、弟レオポルト3世がそのほかの領域（シュタイアーマルク、ケルンテン、クライン、チロル、西部所領、アドリア海沿岸）をそれぞれ統治しました。1378年、ルクセンブルク家の神聖ローマ皇帝カール4世が死去すると、息子のヴェンツェルがボヘミア王ヴァーツラフ4世となり、弟のジギスムントがハンガリー王となります。

オーストリア大公レオポルト3世は、南方と西方の領土の拡大を推進《すいしん》します。その際、西方でかつてのハプスブルク家領である「森林州」を母体とする原初同盟と衝突《しょうとつ》しました。レオポルト3世は1386年のゼンパハの戦いで原初同盟の農民軍に敗北し、戦死します。さらにアルブレヒト3世も敗れ、ハプスブルク家は1388年に原初同盟に加盟する都市の支配権を放棄しました。

アルブレヒト3世とレオポルト3世の死後の1395年、アルブレヒトとレオポルトそれぞれの息子たちによって領邦が分割統治されることや、オーストリア大公は共同で担うことが合意されます。

## フス戦争のはじまり

15世紀初頭、ルクセンブルク家は内紛《ないふん》状態となりました。ヴァーツラフ4世の政治はうまくいかず、ボヘミアの貴族や市民の反発を招《まね》き、弟のジギスムントも兄と対立します。1402年、ヴァーツラフ4世はジギスムントに捕えられ、オーストリアに送られて一時軟禁《なんきん》されました。

この争いの最中、後継者のアルブレヒト4世は1404年に27歳で死去します。息子のアルブレヒト5世は、未成年だったため、レオポルトの血縁であるレオポルト4世と共同でオーストリア大公となりました。

ドイツからの自立を求める動きがあったボヘミアでは、プラハ大学の学長ヤン・フスがドイツ語ではなくチェコ語を使った説教《せっきょう》（キリスト教の教えを人びとに説くこと）を行うなど、人びとの支持を集めます。

1411年、ローマ教皇ヨハネス23世が現世《げんせ》の罪《つみ》を免除《めんじょ》する「免罪符《めんざいふ》」を売りはじめると、フスは免罪符に反対しました。1414年、フスはコンスタンツ公会議に呼ばれますが、その道中で逮捕《たいほ》され、翌年、異端審問《いたんしんもん》（正統なキリスト教信仰に反する考えをもつ者を裁《さば》くこと）を受けたあとに処刑されます。そのため、ボヘミアの貴族や市民はヴァーツラフ4世に強く反発しました。

1419年、ヴァーツラフ4世はプラハの新市街の市参事会員《しさんじかいいん》の任命の際に全員カトリックの人物を選びます。これに対し、フス派の人びとは激怒《げきど》してプラハ市役所に押《お》しかけ、参事会員のメンバーを窓から放り投げました（第一次プラハ窓外投擲《そうがいとうてき》事件）。この知らせを聞いたヴァーツラフ4世は、ショックで脳卒中《のうそっちゅう》を起こし、死亡したといわれています。

その後、ヴァーツラフ4世の弟ジギスムントがボヘミア王となると、フス派の打倒をめざす軍事行動を開始しました。これが、フス戦争のはじまりです。

## 皇帝位の復活

オーストリア大公アルブレヒト5世は、1421年にジギスムントの娘エリーザベトと結婚します。そのため、オーストリアもフス戦争に巻き込まれることになりました。

アルブレヒト5世は、ウィーンでフス派とユダヤ人が共謀《きょうぼう》して異教を広めたとして、ユダヤ人の大迫害《だいはくがい》を開始します。ユダヤ人は財産を没収《ぼっしゅう》されたうえ殺され、ウィーン内のユダヤ人社会は壊滅しました。これを「ウィーンの大災厄《だいさいやく》」と呼びます。

フス戦争に介入したアルブレヒト5世は、オーストリア

### そのころ、日本では？

15世紀以前、沖縄では3つの勢力が争っていました。その勢力のひとつを率いていた尚巴志王《しょうはしおう》が1429（正長《しょうちょう》2・永享《えいきょう》元）年に全島を統一し、琉球王国《りゅうきゅうおうこく》を建国しました。琉球王国は海洋貿易で栄えましたが、17世紀に入ると薩摩藩《さつまはん》に侵攻され、その保護国となりました。

軍を率いてモラヴィアでフス派と戦います。しかし1427年にツヴェットルの戦いで9000人の兵を失ってフス派軍に大敗するなど、オーストリア軍は苦戦しました。最終的に、この戦争は1434年のリパニの戦いでフス派軍の主力が壊滅したあと、終結《しゅうけつ》します。

## ハプスブルク家の家系図①

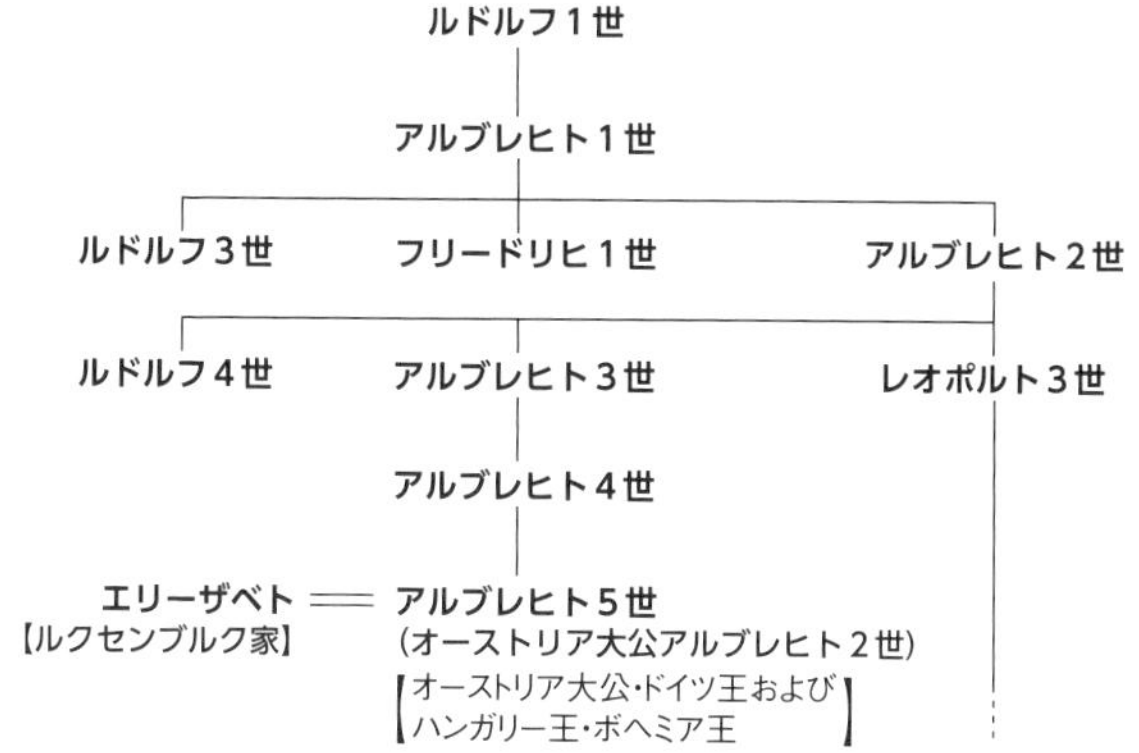


神聖ローマ皇帝となっていたジギスムントが1437年に亡くなりました。しかし、男子の後継ぎがいなかったため、娘婿《むすめむこ》のアルブレヒト5世は1438年1月にハンガリー王に即位したあと、3月にはドイツ王に選出され、アルブレヒト2世と名乗ります。

さらに6月にはボヘミア王にも即位することになり、こうして、ハプスブルク家のもとにオーストリア大公、ドイツ王、ハンガリー王、ボヘミア王が統合されることになりました。

ひみつコラム

# オーストリアの世界遺産

## 古代から近代までの建築技術の産物

ウィーン市街のなかでも、市壁《しへき》の跡《あと》を環状道路《かんじょうどうろ》にしたリングシュトラーセに囲まれた中心部の一帯は、ウィーン歴史地区と呼ばれ、2001年に世界遺産に登録されました。見どころのひとつが、シュテファン大聖堂です。12世紀に創建《そうけん》され、1359年に完成した南塔《なんとう》は、高さが136メートルもあります。音楽家のモーツァルトと妻のコンスタンツェは、この教会で結婚式をあげました。

市街の南西には、14世紀につくられた神学校から発展したウィーン大学、マーラー、カラヤンなどの音楽家たちが活躍した国立歌劇場、1883年に完成したギリシャ神殿風の国会議事堂などが建ちならび、さまざまな時代の建築様式が混在《こんざい》しています。

広大で美しい庭園を備《そな》えたバロック建築のシェーンブルン宮殿は、17世紀の中期に着工され、マリア・テレジアの治世にほぼ完成しました。

・ゼメリング鉄道

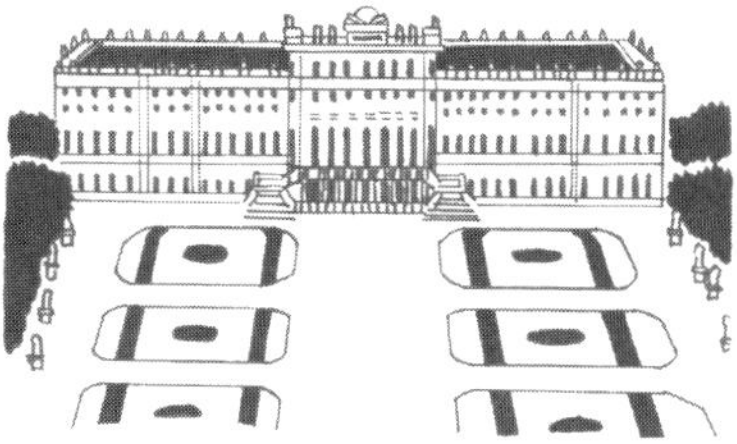

・シェーンブルン宮殿

1441部屋もあり、マリア・テレジアの子どもたちが使った部屋、フランツ・ヨーゼフ1世の執務室《しつむしつ》、18世紀に収集されたアジアの美術品を展示した中国風の部屋、フランスのナポレオンがウィーン占領時に滞在《たいざい》した部屋などが公開されています。

また、ウィーンの南西に広がるアルプスの山岳地帯を走るゼメリング鉄道は、1998年に鉄道施設ではじめて世界遺産となりました。開通は1854年で、ヨーロッパ最初の山岳鉄道と呼ばれています。

標高1000メートルの山中にある約42キロメートルの沿線には、5つのトンネルがあり、17カ所もある橋梁《きょうりょう》はすべて石造りで、古風なアーチ形式となっています。

知れば知るほどおもしろいオーストリアの偉人❷

誇り高き十字軍の指揮官

# レオポルト５世

Leopold V

1157～1194年

## イギリスから得た資金でウィーンを発展させた

バーベンベルク家の第2代オーストリア公であるレオポルト5世は、神聖ローマ皇帝フリードリヒ1世に従って、1191年に第3回十字軍に参加しました。このとき、戦いで腰《こし》のベルト部分以外が血に染《そ》まった服が、現在のオーストリア国旗の由来といわれます。

戦闘後、同盟関係のイギリス、フランスの旗《はた》とともにレオポルト5世はオーストリアの旗を掲《かか》げましたが、オーストリアを格下の国とみなしたイギリス王リチャード１世の臣下《しんか》によって旗を捨てられます。名誉《めいよ》を傷《きず》つけられたレオポルト5世は、帰国途中のリチャード１世を捕え、イギリス本国から多額の身代金《みのしろきん》を取りました。

この身代金は、レオポルト5世の私利私欲のためではなく、ウィーンの市壁や市内のグラーベン通りなどの建設に使われます。さらに、ウィーンに貨幣鋳造所《かへいちゆうぞうしよ》を築き、中世オーストリアの発展をもたらしました。

chapter 3

# ハプスブルク支配の確立

## 皇帝、逃げ回る

ハプスブルク家出身の大公フリードリヒ5世が、1452年に神聖ローマ皇帝フリードリヒ3世となり、以降はハプスブルク家が帝位をほぼ独占《どくせん》するようになります。

ところが、帝国の内外には皇帝と対立する勢力も多く、戦乱がくり返されて政治はなかなか安定しませんでした。フリードリヒ3世の弟でオーストリア大公のアルブレヒト6世は、兄に領土の分割を要求して反乱を起こし、1463年にアルブレヒト6世がペストで死去するまで、兄弟間の争いは続きます。

国外では、1453年にオスマン帝国がビザンツ帝国（東ローマ帝国）を滅ぼし、しだいに東方から神聖ローマ帝国をおびやかすようになりました。加えて、ハンガリー国王のマーチャーシュ1世コルヴィヌスがオーストリアの併合《へいごう》を図って侵攻し、1485年には一時的にウィーンを占領します。

「帝国の大愚図《おおぐず》」と呼ばれたフリードリヒ3世は軍事面では弱腰《よわごし》で、一連の戦いでたびたびウィーンを脱出して、各地を転々としました。こうした反面、フリードリヒ3世の治世には、オーストリアとその都ウィーンが、ハプスブルク家の本拠地としての存在感を強めます。

1453年には、フリードリヒ3世がルドルフ4世による偽《いつわ》りの「大特許状」を帝国法に採用したため、オーストリアは公国から大公国に正式に昇格《しょうかく》することになります。これを受けてカトリック教会は各地域に中心となる司教座《しきょうざ》を置き、影響力を拡大します。ウィーンの教会は長い間、東にあるパッサウの司教座に従属していましたが、1469年にはウィーンに独自の司教座も設立されます。

さらに、フリードリヒ3世は、戦争以外の方法でハプスブルク家を発展させようとします。その手段のひとつが政略結婚《せいりゃくけっこん》でした。

息子のマクシミリアンをブルゴーニュ公シャルルの娘マリアと結婚させ、シャルルがマリア以外の後継者を残さずに死去したため、ブルゴーニュ公国の領土はハプスブルク家の

勢力圏《せいりょくけん》となります。なかでも、公国内のフランドル地方（現在のフランス西部からベルギー・オランダ周辺）は毛《け》織物《おりもの》産業と貿易《ぼうえき》が発達しており、オーストリアよりも経済面や文化面で豊かだったため、この地域の獲得は大きな利益をもたらしました。

## 政略結婚で支配地拡大

フリードリヒ3世が1493年に死去すると、息子のマクシミリアンが皇帝マクシミリアン1世として即位し、さまざまな新しい方針を打ち出します。

歴代の皇帝はローマを訪れて教皇のもとで戴冠式を行いましたが、マクシミリアン1世はこれを行わず、教皇庁《きょうこうちょう》からの皇帝の独立が進みます。また、長い間、神聖ローマ帝国の範囲《はんい》はあいまいでしたが、それをドイツ語圏の諸国に限定《げんてい》し、正式な国号を「ドイツ国民の神聖ローマ帝国」とします。

さらに、「永久平和令」を定め、帝国内での貴族同士の私的な戦闘を禁じ、法律にもとづいて領土や財産などをめぐる争いを解決する場として帝国裁判所を設置《せっち》したり、有力な貴族や聖職者が集まって話し合う帝国議会を整備したりしました。

## ハプスブルク家の家系図②

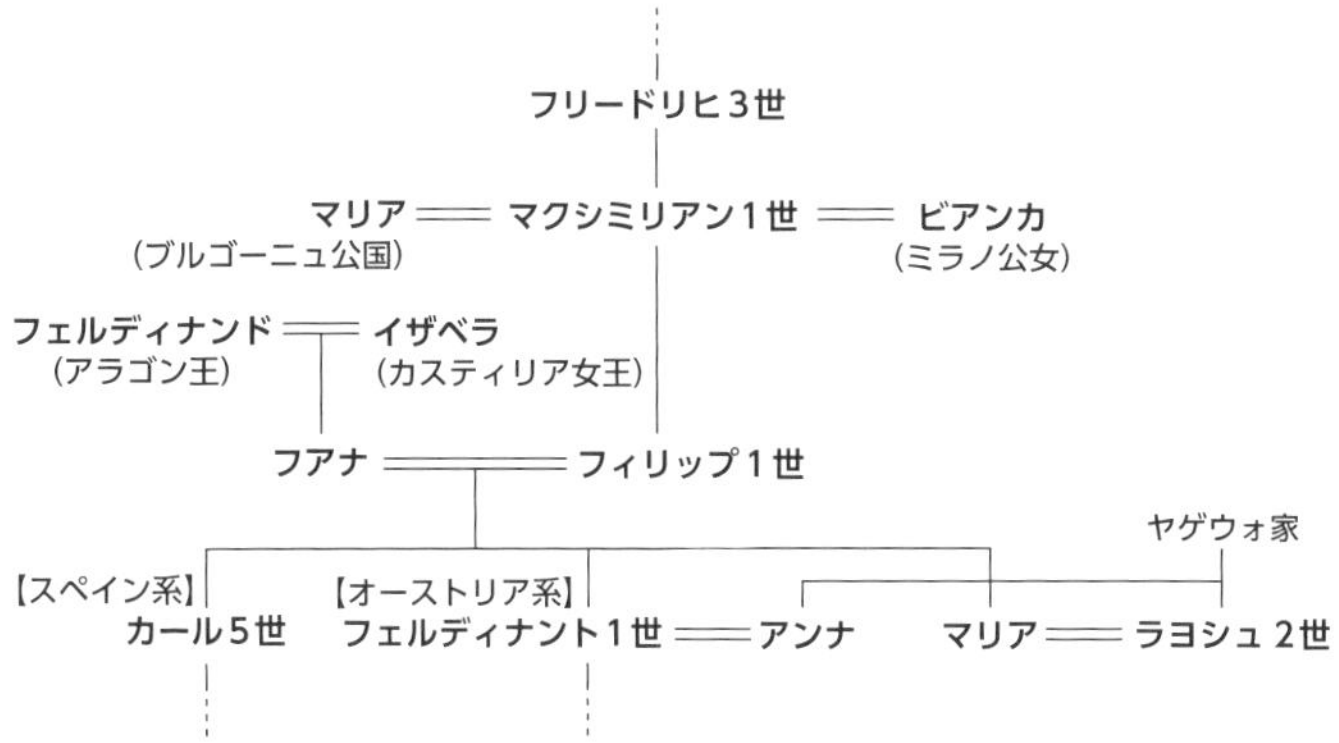


マクシミリアン1世は、さらなる一族の政略結婚を進めます。妻のマリアの死後、ミラノ公女のビアンカと再婚し、妻の一族がいるイタリア半島に勢力を広げました。さらに息子のフィリップをスペイン王女フアナと、娘のマルガレーテをスペイン王子フアンと結婚させます。

このため、フィリップとフアナの間に生まれたカールは、スペインのみならず、オーストリアやブルゴーニュなどの王位継承権も得ます。しかも、カールの弟のフェルディナントはボヘミア・ハンガリー王女のアンナと、妹のマリアはボヘミア・ハンガリー王のラヨシュ2世と結婚し、ハプスブルク家はボヘミアとハンガリーの王位継承権も得ました。

そして、ブルゴーニュ公国から受け継いだフランドル地方や、ミラノ公国などイタリア各地の支配権をめぐり、フランスと対立します。イタリア半島では、ヴェネツィア、フィレンツェ、教皇領などを巻き込み、神聖ローマ帝国とフランスが争うイタリア戦争が、カトー・カンブレジ条約でフランスの敗北が確定する1559年まで続きました。

マクシミリアン1世が皇帝だった15世紀の末から16世紀のはじめにかけて、ヨーロッパでは地方領主の権限が強かった中世が終わり、しだいに国王や皇帝を中心とする国家の統一が進められます。また、保守的なカトリック教会の権威を否定《ひてい》し、自由な人間性を肯定《こうてい》するルネサンス（文芸復興《ぶんげいふっこう》）思想がイタリア半島を中心に広がりました。

マクシミリアン1世は、中世の制度のもとで育ちながらも、新しいルネサンス思想の影響を受けた人物だったため、「中世最後の騎士《きし》」とも呼ばれます。

## 日が沈まない帝国

地中海の通商網《つうしょうもう》は、8世紀から15世紀の間、オスマン帝国などのイスラム商人に握《にぎ》られていました。そのため、ヨーロッパの西端に位置するスペインとポルトガルは大西洋で独自の貿易ルートを開拓《かいたく》し、「大航海時代」がはじまります。

スペイン王室に雇《やと》われた船団指揮官のコロンブスは、1492年に大西洋を横断《おうだん》してアメリカ大陸に到達し、スペインとポルトガルは南北アメリカ大陸や東南アジアの各地につぎつぎと植民地《しょくみんち》を築いていきました。

1516年、スペインではハプスブルク家の血を引くカールが、国王カルロス5世として即位します。さらに、1519年に祖父のマクシミリアン1世が死去すると、フランス国王フランソワ1世と神聖ローマ皇帝の座を争い、選帝侯の支持を集めて皇帝カール5世として即位しました。このほか、カール5世は、ブルゴーニュ公、ミラノ公、ナポリ王、シチリア王など複数の地位を親族から継承します。

ヨーロッパのみならず、地球の反対側にある中南米やフィリピンまでふくむ地域を支配していたため、スペインは「24時間つねに日が沈《しず》むことのない帝国」ともいわれます。

この広大な領土をひとりで支配するのは困難なので、1521年にはオーストリア大公の地位を弟フェルディナントに譲《ゆず》ります。もともと、カール5世はブルゴーニュで育ったため、オーストリアにはあまり愛着《あいちゃく》がありませんでした。

これ以降、ハプスブルク家はスペインとオーストリアの二系統にわかれ、それぞれ発展していきます。

## 西でも東でも戦争

世界的な帝国を支配したカール5世ですが、国内外には3つの強力な敵がいました。フランス、オスマン帝国、そして新教徒（プロテスタント）です。

フランスとは、フランドル地方やイタリア各地の支配権をめぐって以前から対立していました。加えて、スペインと神聖ローマ帝国がいずれもハプスブルク家の支配下となったため、両国に挟まれたフランスは強い危機感を抱きます。

1525年、ミラノ公国のパヴィアで、神聖ローマ帝国とスペインのハプスブルク家による連合軍とフランス軍が衝突します（パヴィアの戦い）。この戦いは連合軍の勝利に終わり、みずから戦場で指揮をとっていたフランス国王フランソワ1世は捕えられ、イタリア北部の支配地を失いました。

一方、東欧ではオスマン帝国が勢力を拡大します。1526年、オスマン帝国軍はドナウ川に面したモハーチの戦いでハンガリー軍を破りました。

ボヘミア・ハンガリー王のラヨシュ2世はこの戦いで戦死したので、姻戚《いんせき》関係にあったハプスブルク家のオーストリア大公フェルディナントが王位を継ぐと宣言します。

ところが、現在のルーマニア中部にあたるトランシルヴァニア地方の貴族サポヤイ・ヤーノシュも、オスマン帝国を後《うし》ろ盾《だて》にしてボヘミア・ハンガリー王への即位を宣言しました。この王位継承問題をきっかけに、オスマン帝国の皇帝スレイマン大帝は本格的に神聖ローマ帝国と敵対します。

1529年、スレイマン大帝は12万人の大軍を送ってウィーンを包囲しました（第一次ウィーン包囲）。オスマン帝国はイスラム教の国でしたが、このときは同じく神聖ローマ帝国を敵視するフランスと同盟します。ただ、オスマン帝国軍には大型の大砲《たいほう》がなく、ウィーンの市街を囲む城壁《じょうへき》を完全には破壊できなかったうえ、武器や食料の補給《ほきゅう》も困難だったため、冬が来る前に撤退しました。

ボヘミアとハンガリーの王位はハプスブルク家のものになりましたが、オスマン帝国はハンガリーの南半分を占領し、その後も神聖ローマ帝国と衝突をくり返します。

## 宗教改革の嵐

プロテスタントとの戦いは、信仰をめぐる神聖ローマ帝国の内紛《ないふん》です。長い間皇帝の権威の後ろ盾となっていたカトリック教会は、多くの領地を支配していました。しかし、ぜいたくな生活を送る聖職者が現れたほか、教皇庁での汚職《おしょく》も増えます。

１５１７年、教皇レオ10世はローマの大聖堂を修理する費用を得るため、信徒の罪をお金と引き換えに許す贖宥状《しょくゆうじょう》（免罪符《めんざいふ》）の販売《はんばい》をドイツで認めました。ザクセン出身の神学者ルターはこれを徹底的《てっていてき》に批判し、教皇庁から破門されます。

しかし、ザクセン選帝侯をはじめルターの支持者は各地に広がりました。同時期に、スイス出身の聖職者であるツヴィングリ、カルヴァンらもカトリック教会を批判《ひはん》し、彼らはプロテスタント（抵抗者）と呼ばれるようになります。

プロテスタントは皇帝に対して信仰の自由を訴え、その一部はカトリック教会と結びついた領主を敵視して反乱を起こしました。1546年には、ザクセン選帝侯、ヘッセン方伯などプロテスタントの諸侯が連合したシュマルカルデン同盟と、カール5世が率いるカトリック諸侯連合軍の間で、シュマルカルデン戦争が起こります。カトリック勢力は勝利を収めたものの、プロテスタントの勢力の拡大を抑えられませんでした。

最終的に、1555年にアウクスブルクの宗教和議が結ばれ、ルター派の信仰の自由が認められます。

ただし、領主の属する宗派がそのまま領地全体の宗派とされ、農民や商工業者といった個人の信仰の自由を認める

## 16世紀半ばのプロテスタント

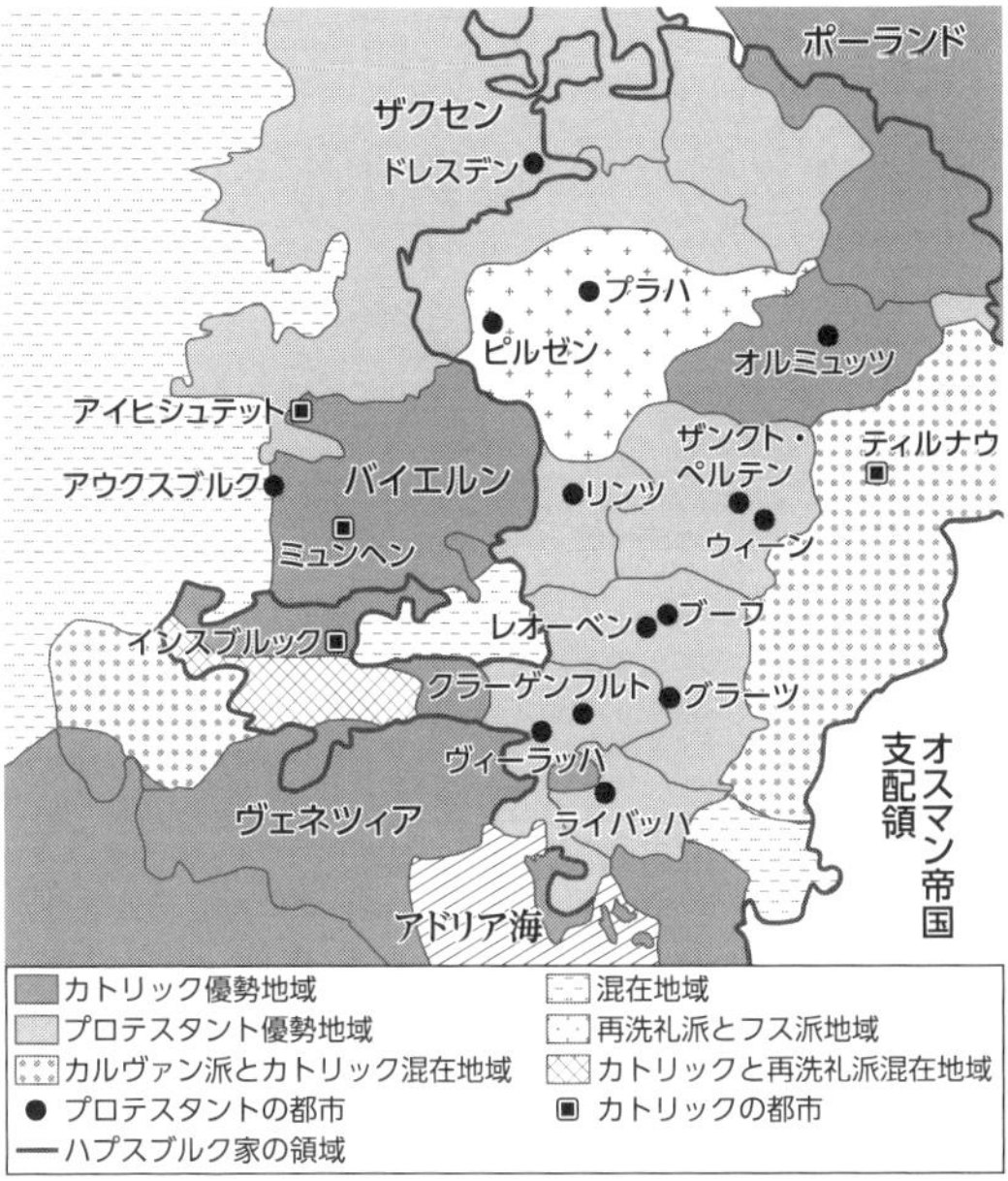

ものではありませんでした。

カール5世は、フランス、オスマン帝国、各地のプロテスタントとの戦争ですっかり疲《つか》れ果て、1556年に退位《たいい》します。弟のフェルディナント（オーストリア大公、ボヘミア・ハンガリー王）が帝位を継ぎ、皇帝フェルディナント1世として即位しました。

## 宗教政策、迷走中

フェルディナント1世は、プロテスタントの活動を認めつつ、カトリック勢力の立て直しを図ります。そこで、スペインで結成されたカトリック修道士の団体であるイエズス会を、神聖ローマ帝国に招きました。イエズス会はプロテスタントに対抗するため世界各地で布教活動を行い、16世紀には日本にも来訪《らいほう》しています。

ところが、1564年にフェルディナント1世が死去したあと、皇帝の地位を継いだ長男のマクシミリアン2世は、プロテスタントにも友好的な人物でした。このため、オーストリアやボヘミア、ハンガリーではプロテスタントが増加します。

16世紀のヨーロッパでは宗教改革とともに、イタリアから広まったルネサンスを通じて、保守的なキリスト教の価値観や身分制度の束縛《そくばく》にとらわれず、精神の自由を説く人文主義が唱《とな》えられました。マクシミリアン2世はその影響を受け、芸術家や学者などの文化人を積極的に支援します。

１５７６年に帝位についたルドルフ2世も、芸術や科学を愛好しました。天文学や錬《れん》金術《きんじゅつ》の資料や、美術品の収集などに熱中し、惑星《わくせい》の運動の法則性を研究したティコ・ブラーエやヨハネス・ケプラーらと深く交流します。また、ウィーンではなくプラハに王宮を置き、現在まで続くボヘミアのガラス産業を振興《しんこう》しました。

しかし、政治には無関心で、政務は重臣《じゅうしん》のメルヒオール・クレースルに任せます。このカトリックの高位聖職者は、ウィーンでのプロテスタントの活動を制限するなど再カトリック化政策を進め、その結果、宗派の対立による国内の混乱が激しくなりました。

こうしたなか、クレースルをはじめ、多くの諸侯がルドルフ2世の弟のマティアスを支持します。マティアスは兄に代わって、１６０８年にオーストリアとハンガリーの支配権を握り、続けてルドルフ2世の本拠地のプラハに侵攻してボヘミアも奪いました。

１６１２年にルドルフ2世が死去すると、マティアスが次の皇帝となり、カトリックとプロテスタントの調停をはかりますが、事態は改善できませんでした。

## 三十年戦争のはじまり

皇帝マティアスのいとこにあたるハプスブルク家のフェルディナントは熱心なカトリック信者でしたが、彼は、1617年にボヘミア王となり、プロテスタントを弾圧《だんあつ》します。これに反発したプロテスタントは、1618年5月にプラハ城を襲撃して、代官《だいかん》と書記官ら3人を2階の窓から放り出しました。この「第二次プラハ窓外放擲事件」をきっかけに、神聖ローマ帝国とボヘミアのプロテスタントははげしく衝突します。

さらに、ハプスブルク家と敵対する勢力がつぎつぎと介入して戦闘は長期化します。「三十年戦争」と呼ばれるこ

### そのころ、日本では?

1612(慶長《けいちょう》17)年5月13日、宮本武蔵《みやもとむさし》と佐々木小次郎《ささきこじろう》が巌流島《がんりゅうじま》で決闘《けつとう》を行い、これに武蔵が勝ったと伝えられています。ちなみに、決闘があった島の正式名称は今も昔も船島《ふなじま》ですが、小次郎が「巖流《がんりゅう》」を名乗っていたことから、巌流島と呼ばれるようになりました。

の戦いは4段階に分かれ、ボヘミアのプロテスタント、デンマーク、スウェーデン、フランスという4つの勢力が神聖ローマ帝国のおもな敵となりました。

反乱を起こしたボヘミア人は、プロテスタントであるプファルツ選帝侯フリードリヒ5世を新たな王に迎えます。とはいえ、彼は王としての指導力に欠ける人物でした。神聖ローマ帝国ではマティアスの死去により、フェルディナントが皇帝フェルディナント2世として即位し、同じくカトリック国であるバイエルン公国とスペインを味方につけます。

カトリック連合軍は1620年11月にビーラー・ホラ（白山）の戦いで大勝し、1623年にはボヘミアのプロテスタントを鎮圧しました。勢いに乗ったフェルディナント2世は、各地でプロテスタントの追放やカトリックの強制を進めます。

## どんどん増える敵

ドイツ北部に接するプロテスタント国家のデンマーク王クリスチャン4世が、1625年にプロテスタントの保護を掲げて神聖ローマ帝国と戦いはじめました。続いて、同

## 三十年戦争に参加した国

**カトリック・ハプスブルク勢力**

- 神聖ローマ帝国（ハプスブルク家）
- スペイン（ハプスブルク家）
- ローマ教皇庁
- ポーランド
- バイエルン（帝国諸侯のひとつ）

**プロテスタント・反ハプスブルク勢力**

- デンマーク（ルター派）
- オランダ（カルヴァン派）
- イギリス（国教会）
- スウェーデン（ルター派）

**カトリックだが反ハプスブルク勢力**

- フランス（ブルボン家）

じくプロテスタント国家のイギリスとオランダがデンマークを支援します。

　フェルディナント2世に仕える傭兵指揮官のヴァレンシュタインはデンマーク軍を撃退《げきたい》し、逆にデンマークに攻め入りますが、自分の権力を拡大するために高《こう》慢《まん》な態度をとったため、皇帝や有力諸侯の反発を受けて失脚します。

　さらに神聖ローマ帝国軍は、北方のバルト海にまで進出しました。すると、1630年にプロテスタント国家であるスウェーデン国王のグスタフ2世アドルフがフランスの支援を受けて、近隣のプロテスタントを保護するために神聖ローマ帝国を攻撃します。

　フランスはカトリック国ですが、ハプスブルク家が支配するスペインと神聖ローマ帝国に挟まれ、以前からハプスブルク家を敵視していました。

フェルディナント2世は、ふたたびヴァレンシュタインに指揮をとらせます。しかしヴァレンシュタインがあまり積極的に敵を攻めようとせず、命令に逆らって戦闘を引き延《の》ばしたため、フェルディナント2世は裏切りを疑《うたが》い、1634年2月に暗殺しました。

グスタフ2世アドルフは、1632年にボヘミア北部のリュッツェンで戦死しますが、スウェーデン軍は神聖ローマ帝国軍に大打撃をあたえます。

1635年、プラハで休戦条約が結ばれ、フェルディナント2世はプロテスタントと妥協した和約を結びました。ところが、フランス国王ルイ13世と宰相《さいしょう》リシュリューは、本格的に軍を投入《とうにゅう》します。このとき、フランスにとってのおもな敵はスペインでした。

神聖ローマ帝国とスペインは、フランスだけでなく、国内外のプロテスタントも敵に回したため、すっかり国力をすり減らします。

この間にフェルディナント2世は死去し、新たにフェルディナント3世が皇帝に即位しました。結局、反ハプスブルク陣営《じんえい》が優勢となった状態で、1648年10月に三十年戦争は終結します。

## 帝国は「名目」に

三十年戦争の講和会議で成立したウェストファリア条約によって、神聖ローマ帝国と国内のカトリック教会、ハプスブルク家は大幅に弱体化しました。

まず、神聖ローマ帝国でのプロテスタントの信仰の自由が完全に認められます。１５５５年にアウクスブルクの宗教和議で認可されたルター派だけでなく、カルヴァン派も対象となりました。さらに、神聖ローマ帝国に従属していたドイツ語圏の諸国は、実質的な独立国となります。とりわけ、ルター派を受け入れたドイツ北部のプロイセン公国は、しだいにオーストリアをおびやかす大国に成長していきます。

フランドル地方でプロテスタントの多いオランダは、スペイン・ハプスブルク家の支配下になく、事実上の独立国となっていましたが、ウェストファリア条約で正式に独立が認められました。同じく形式上は神聖ローマ帝国の支配下にあったスイスも、正式に独立を認められます。神聖ローマ帝国の領土のうち、バルト海に面するポンメルン地方はスウェーデンが獲得し、西部のアルザス・ロレーヌ地方はフランスが獲得しました。

ウェストファリア条約は、最初の近代的な国際条約とされています。ただ戦勝国の獲得地を決めるだけでなく、小国の主権《しゅけん》を保障し、国同士の力のバランスを考慮《こうりょ》した長期的な平和を目的として、各国が守る共通ルールの国際法を定めました。

なお、ウェストファリア条約は「神聖ローマ帝国の死亡証明書」とも呼ばれます。ドイツ語圏の諸国の連合体だった神聖ローマ帝国は実質的に解体され、無数の小さな国が生まれました。広い帝国への影響力を失ったハプスブルク家は、これ以降、直接支配しているオーストリアと首都ウィーンの発展に力を注いでいきます。

## 産業が停滞、文化は発展

三十年戦争にいたる宗教改革の時代、ヨーロッパは大きく変わります。それまで書物の数は少なく、しかもラテン語で書かれたものが基本で、カトリック教会が知識《ちしき》を独占していました。こうしたなか、ルター派はマインツの職人グーテンベルクが発明した活版印刷《かっぱんいんさつ》を活用し、ドイツ語の聖書を大量に普及させます。これは多くの庶民《しょみん》にドイツ語の読み書きを広めることになります。

ただし、三十年戦争に敗れた神聖ローマ帝国は分裂状態になったので、国としての統一された意識が育ちませんでした。

このころ、オーストリアを中心とするドイツ語圏の国ぐにでは、三十年戦争で多くの農民が兵士として動員されて戦死し、田畑が焼かれて農業生産も停滞したため、人口が激減《げきげん》しました。そのため、西欧諸国に対して産業の発展が遅れます。

戦乱に加えて疫病が追い打ちをかけます。ウィーンをはじめ神聖ローマ帝国の都市は、城壁に囲まれており、上下水道も整備されておらず、ごみや汚物が路上に捨《す》てられる不《ふ》衛生《えいせい》な環境でした。こうした事情もあり、1679年にはウィーンでペストが大流行して市民の約3分の1が犠牲《ぎせい》になったといわれます。

ウィーンなどの都市では、多くのユダヤ人が商工業を担っていました。しかし、ユダヤ人はキリスト教ではなくユダヤ教を信奉《しんぽう》する異教徒なので、カトリック教会から敵視され、追放や迫害を受けます。これは商工業の停滞《ていたい》をますます悪化させ、税収にも影響をおよぼしました。このため、皇帝レオポルト1世に仕えたサムエル・オッペンハイマーなど、一部の有力なユダヤ商人は皇帝から自由な商業活動を許可されるかわりに帝国の財政に協力しました。彼らは「宮廷ユダヤ人」と呼ばれます。

戦乱と疫病が続いた17世紀ですが、宮廷ユダヤ人の経済的支援もあり、ウィーンでは華《はな》やかな宮廷文化が生まれます。皇帝フェルディナント3世や、その後を継いだレオポルト1世らはみずから作曲も手がけ、宮廷楽団を組織しました。

オスマン帝国との戦闘で活躍《かつやく》したオイゲン公は、多くの書物を収集し、それらは現在もウィーンの国立図書館が所蔵《しょぞう》しています。17世紀末にオスマン帝国との戦乱が落ち着くと、ウィーンには豪華《ごうか》な装飾《そうしょく》を施《ほどこ》したバロック様式の建築物が増えていきました。

オイゲン公は1725年、ウィーン郊外にある大邸《だいてい》宅《たく》を購入して改装し、バロック様式のシュロス・ホー

フ宮殿を建てています。

## 2回目のウィーン防衛

少しずつ東欧への侵入をくり返していたオスマン帝国では、宰相カラ・ムスタファが軍の指揮権を握り、1683年7月、約20万人もの大兵力を送り込んでウィーン攻略をはかります（第二次ウィーン包囲）。1529年の第一次ウィーン包囲と同じく、今回もフランスが背後《はいご》からオスマン帝国を支援し、ハプスブルク家の支配を嫌うハンガリーなどの有力貴族はオスマン帝国側につきました。

ウィーンを防衛するウィーン市内の神聖ローマ帝国軍の兵力は約1万5000人しかおらず、市民とともに市壁の内側に立てこもって必死に抵抗します。教皇庁は多くのカトリック国に支援を呼びかけ、ドイツ各地の諸侯も参戦しました。

なかでもヤン・ソビエスキが率いるポーランド軍が、神聖ローマ帝国軍のオイゲン公とともに大きな戦果をあげ、9月にはオスマン帝国軍は撤退します。

なお、オスマン帝国軍は多くの物資を残して去り、そのなかには大量のコーヒー豆がありました。これがヨーロッパでコーヒーが広く飲まれるきっかけとなり、18世紀のウィーンには多くのカフェが開かれます。

1699年、神聖ローマ帝国および同盟関係のポーランド、ヴェネツィアは、オスマン帝国とカルロヴィッツの和約を結びます。この条約で、ハンガリーとトランシルヴァニアの大部分が神聖ローマ帝国の支配下に置かれました。これはヨーロッパのキリスト教勢力が、中東のイスラム教勢力に対して優位に立つきっかけとなります。

こうして神聖ローマ帝国を治めるハプスブルク家は、東欧ではオスマン帝国より優勢《ゆうせい》になりました。ところが、スペインのハプスブルク家は国王カルロス2世が後継者を残さずに死去し、1700年に断絶します。

このため、フランス国王ルイ14世は自分の孫フィリップを、スペイン国王フェリペ5世として即位させました。これに反発した神聖ローマ帝国、イギリス、オランダとの間でスペイン継承戦争が起こりますが、最終的にフェリペ5世の即位が認められます。以降のヨーロッパの戦争では、スペインは神聖ローマ帝国の敵に回り、ハプスブルク家は西欧内で孤立していきました。

ひみつコラム

# オーストリアの国旗・国章・国歌

## 深い歴史を反映したデザインと楽曲

オーストリアの国旗は帝政時代からなんどか変化しましたが、第二次世界大戦後は、赤・白・赤を上下にならべた柄《がら》になっています。12世紀末の第三回十字軍で、オーストリア公レオポルト5世が純白《じゅんぱく》の服に敵兵の返り血を浴《あ》び、ベルトの部分以外が真っ赤に染まったため、それを軍旗のかわりにしたという伝説に由来します。

また、赤は自由と独立のために流された愛国者の血の色、中央の白い線はオーストリアの国土を東西に流れるドナウ川を象徴《しょうちょう》しています。

かつてオーストリアを支配したハプスブルク家は、東洋と西洋を見すえる「双頭《そうとう》の鷲《わし》」を紋章《もんしょう》にしていました。これを引き継ぐように、現在も政府が公式に使用する政府旗には、中央に黒い鷲が描《えが》かれています。ただし、帝政時代とは異なり頭はひとつで、鷲の足には、独裁からの解放を意味するちぎれた鎖《くさり》が描かれています。

・国旗

・政府旗

・ハプスブルク家の紋章

・国章

国歌には、ウィーンゆかりの有名な音楽家が関わっています。1797年、ハイドンが作曲した『神よ、皇帝フランツを守り給《たま》え』が国歌に採用されました。

第一次世界大戦後の1920年からは、キーンツル作曲の『ドイツ・オーストリア、汝《なんじ》、壮麗《そうれい》の国よ』が使われます。

しかし国民には不人気だったため、1929年からはふたたびなじみの深いハイドンの楽曲にのせた国歌が採用されます。

作詞家の名にちなんで「ケルンシュトック国歌」と呼ばれたこの歌は、ドイツ国歌とメロディが共通だったので、第二次世界大戦後は新たに『山岳の国、大河の国』が採用されました。

## 知れば知るほどおもしろいオーストリアの偉人③

ウィーンを守ったスパイ

# コルシツキー（コルツィツキー）

Kolschitzky(Koltschitzky)

1640 ～ 1694

### 初期のカフェ経営者とされる伝説の人物

現在の西ウクライナ出身のコルシツキーは、青年期からウィーンで通訳《つうやく》として働き、ドイツ語、トルコ語、ポーランド語、ルーマニア語などを話しました。第二次ウィーン包囲ではオスマン帝国軍の兵士のふりをして敵陣《てきじん》を通り抜けて味方の部隊に指令を伝えたり、語学力を生かして敵の情報を探ったりしました。

終戦後は多くの報償《ほうしょう》を受け取り、オスマン帝国軍が残していったコーヒー豆を使って、1686年にウィーン初のカフェを開業したといわれます。しかし、これは史実ではなく、彼のウィーンのカフェ「青い瓶《びん》」があったとされる館でコーヒー店を開いたのは、じつはアルメニア人のイザーク・ドゥ・ルカという人物で、しかも1703年の話であったとされます。また最近の研究では、コルシツキーという名前も実際にはコルツィツキーが正しいとされています。

chapter 4

# オーストリア・ハプスブルク家

## 女王の誕生

カール6世は、1711年、神聖ローマ皇帝に即位します。このころ、ハプスブルク家ではなかなか男子が生まれませんでした。そこで、後継ぎをめぐって血縁関係のある外国の王族が介入してくることを避《さ》けるため、1713年に女子もハプスブルク家を相続できるように国事勅令《こくじちょくれい》（家督相続法《かとくそうぞくほう》）を定めます。

しかし、帝国内の有力者や近隣の各国が合意しなければ国事勅令の効果がないため、カール6世はこの勅令を認めてもらうかわりに、いろいろな取引をします。

たとえば、帝国内のハンガリーでは、貴族の免税《めんぜい》特権やハンガリー国法の尊重《そんちょう》などを認めました。フランスに対しては、ロートリンゲン公国（現在のフランスのロレーヌ地方）の支配権を譲ります。イギリスとオランダに対しては、両国が力を入れている中東やアジアとの貿易から、神聖ローマ帝国が手を引くことを受けいれました。

そして、1717年に生まれたカール6世の長女マリア・テレジアが、ハプスブルク家の後継者候補となります。彼女は19歳のとき、ロートリンゲン公の息子で9歳年上のフランツ・シュテファンと結婚します。政略結婚が通例だった当時としては異例なことに、ふたりは結婚前から相思《そうし》相愛《そうあい》の仲《なか》でした。

カール6世が1740年10月に死去すると、マリア・テレジアが23歳の若さでハプスブルク家の当主とハンガリー女王の地位に就きました。ただし、神聖ローマ帝国の皇帝は男性に限られていたので、1745年にマリア・テレジアの夫のフランツ・シュテファンが皇帝に即位することになります。

このため、以降のハプスブルク家は、フランツ・シュテファンの所有するロートリンゲン公の名と合わせて、正式には「ハプスブルク・ロートリンゲン家」といいます。

## オーストリアはだれのもの？

広大な領域を支配することになったマリア・テレジアでしたが、各国は彼女の家督相続をかんたんには認めませんでした。

オーストリアの北方にあるプロイセンは、18世紀に入ってから急速に軍事大国として成長し、１７４０年にはフリードリヒ2世が即位します。じつは、このフリードリヒ2世もかつてマリア・テレジアの結婚相手の候補でした。フリードリヒ2世は、神聖ローマ帝国のなかでも商工業が発達したシュレジエン地方に軍を送り、フランツ・シュテファンの即位を支持するかわりに、シュレジエン地方を譲ることを求めます。

さらに、バイエルン大公のカール・アルブレヒトは帝位の継承を主張しました。カールは、先々代の皇帝ヨーゼフ1世の娘マリア・アマーリア（マリア・テレジアのいとこ）の夫です。

以前からオーストリアと敵対していたフランスとスペインは、カール・アルブレヒトを支援しました。カール・アルブレヒトの率いるバイエルン軍は、まずプラハの占領をめざしてベーメン（ボヘミア）に侵攻してきます。マリア・テレジアは、これらの国ぐにと争うことになり、「オーストリア継承戦争」がはじまります。

領土問題でフランスと対立するイギリスと、プロイセンと対立するロシアはオーストリアを支援しましたが、プロイセン軍は手ごわく、各地で苦戦が続きます。

ハプスブルク家の領土の変遷

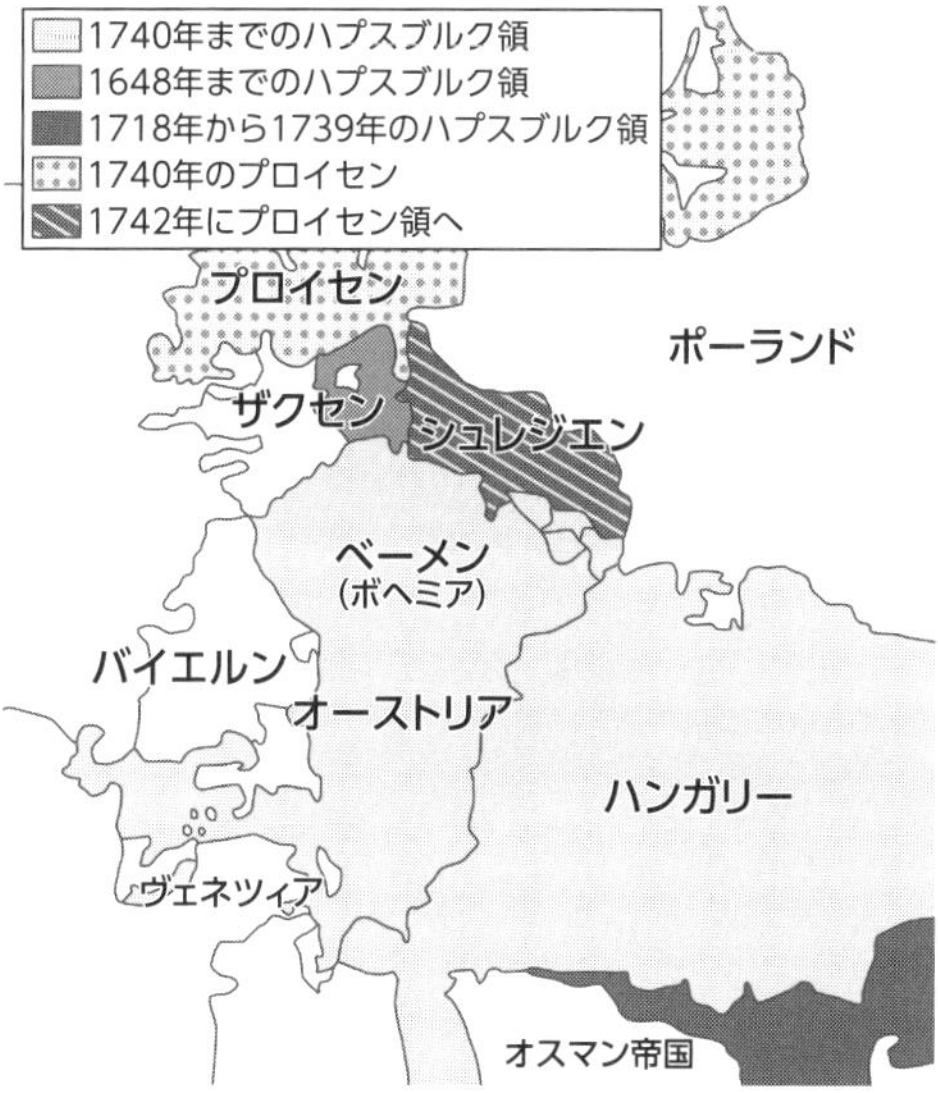


こうしたなか、1741年6月、マリア・テレジアはハンガリー女王としての即位式を行うため、フランツと生後まもない長男のヨーゼフとともに、ハンガリーのプレスブルク（現在のブラティスラヴア）を訪れます。

当時、ハンガリーではハプスブルク家に対する不満がつのっていました。それでも、マリア・テレジアは、勇気あるハンガリー人を讃えつつ、自分たちを助けてほしいと必死に訴えます。

ハンガリーの貴族たちは、若き女王の熱意のこもった演説に心を打たれ、オーストリア支援に立ち上がりました。

反オーストリア軍の優勢が続くなか、1742年2月、カール・アルブレヒトは各地の選帝侯を味方につけて、正式に神聖ローマ皇帝カール7世として即位します。かくして、ハプスブルク家は、約300年ぶりに神聖ローマ皇帝の座から外《はず》れることになりました。しかし、ハンガリーの支援を得たオーストリア軍は兵力を増強《ぞうきょう》し、逆にバイエルンに侵攻してカール7世を追いつめます。

各地を逃げ回ったカール7世は1745年1月に急死し、フランツ・シュテファンが神聖ローマ皇帝フランツ1世として即位します。しかし、プロイセン軍が優位な状況は変わりませんでした。同年12月にオーストリアはイギリスの仲介でプロイセンとの講和条約を結び、シュレジエンは正式にプロイセン領となります（ドレスデンの和約）。

以降もフランス・スペイン連合軍との戦闘が続きましたが、オーストリア軍は両国を退けて、1748年10月に講和条約が成立します（アーヘンの和約）。8年にわたる戦争によって、ようやくマリア・テレジアとフランツの夫妻による神聖ローマ帝国の支配が、名実ともに国際社会に認められたのです。

## 外交革命と七年戦争

18世紀のヨーロッパでは、昔ながらの宗教的な習慣や身分制度にとらわれず、人間の自由な思考や理性《りせい》を重んじる啓蒙思想が広がりつつありました。マリア・テレジアは、国王がそれをみずから実践《じっせん》した啓蒙専制君主《けいもうせんせいくんしゅ》の代表格とされます。

神聖ローマ帝国は伝統的に地方領主の権限が大きかったのですが、マリア・テレジアは中央集権的な官僚《かんりょう》制度を確立し、エリート養成学校のテレジアヌムを設立しました。さらに、はじめて国勢調査《こくせいちょうさ》を行って、国民の人口と生活の実態を把握《はあく》します。これらの改革を指導したのが、元外交官で1753年に宰相に就任したカウニッツです。皇帝フランツ1世も、個人資産をたくみに運用して国家財政を支えました。

このころ、オーストリアの宮廷では、プロイセンに対抗するためフランスと手を組む案が浮上していました。

一方、フランスはアメリカやアジアにある植民地をめぐってイギリスと争いをくり返し、イギリスは1756年1月にプロイセンとの同盟（ウェストミンスター条約）を結びます。そこで、カウニッツはフランスに交渉《こうしょう》を持ちかけ、5月に同盟（ヴェルサイユ条約）を結びました。

長年にわたって対立していたオーストリア・ハプスブルク家とフランス・ブルボン家の同盟が成立したため、「外交革命」と呼ばれます。

同じくプロイセンの台頭《たいとう》を警戒《けいかい》するロシア皇帝のエリザヴェータも、この同盟に合流しました。

同年8月、オーストリア、フランス、ロシアの三国による包囲網を恐れたプロイセンのフリードリヒ2世は、先手を打ってオーストリアの同盟国ザクセンへ侵攻し、七年戦争がはじまります。イギリスはヨーロッパ内の戦闘には介

## そのころ、日本では？

1763（宝暦《ほうれき》13）年5月25日、本居宣長《もとおりのりなが》が伊勢神宮参宮《いせじんぐうさんぐう》のために松阪《まつさか》（現在の三重県松阪《まつさか》市）を来訪した国学者の賀《か》茂真淵《ものまぶち》と会います。宣長は真淵に『古事記《こじき》』についての指導を求め、最終的に入門を許可されました。このことについて、のちに随筆《ずいひつ》に記しています。

入しませんでしたが、北米やインドでフランス軍と衝突してフランスの国力をすり減らしました。

1761年にイギリスはプロイセン支援を打ち切り、プロイセンは劣勢《れっせい》になります。ところが、ロシアでエリザヴェータが急死すると、後を継いだピョートル3世はフリードリヒ2世に好意的だったため、停戦に応じました。

最終的に1763年2月にフベルトゥスブルクの和約が結ばれ、プロイセンによるシュレジエンの支配が確定しました。以降のマリア・テレジアは、奪われたシュレジエンのかわりにチェコを新たな産業の拠点とし、手工業の育成、貿易の振興、交通網の整備などに努《つと》めました。

## 芸術の都ウィーン

オーストリアが軍事力ではプロイセンに劣《おと》っていたため、マリア・テレジアは文化政策に力を入れることで、ウィーンの貴族や大商人、友好国からの訪問者の支持を集めます。観劇や音楽会、狩猟の会や乗馬の会といったイベントが盛んに開かれ、これらは国

## ハプスブルク家の家系図④

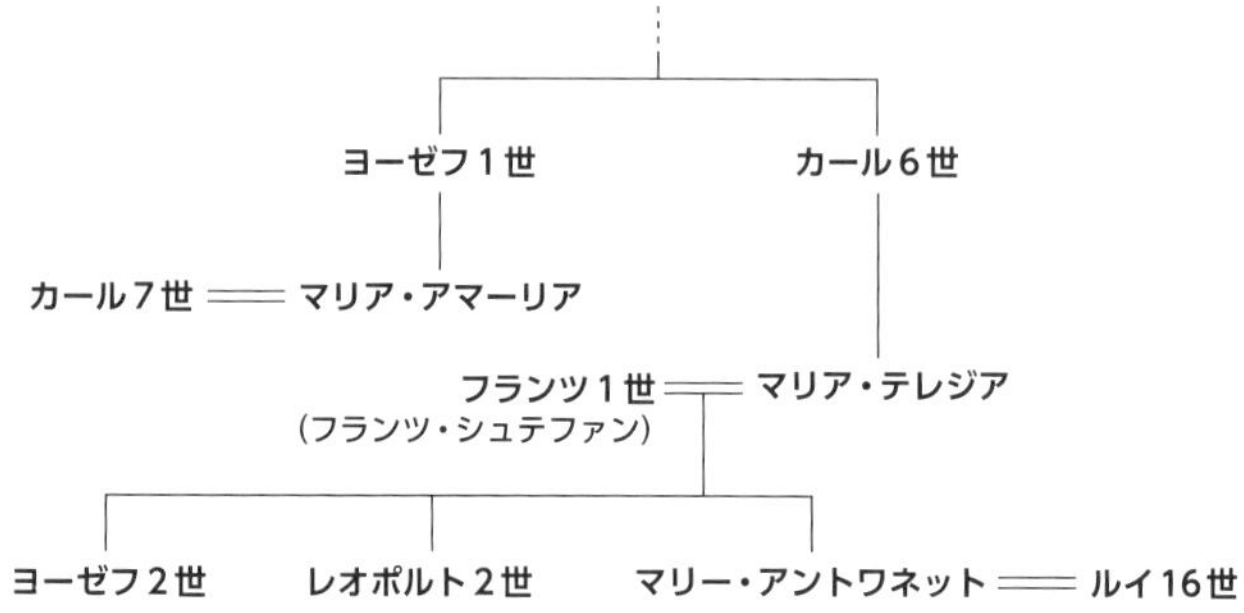


民にハプスブルク家の財力や権威を示すことにもつながりました。

　このため、音楽家は政府から手厚い支援を受け、すぐれた作曲家や演奏者、歌手が神聖ローマ帝国の内外からウィーンに集まります。出版物の検閲《けんえつ》制度も緩和《かんわ》され、市内では新聞や雑誌の刊行が活発になりました。こうした政策に加えて、マリア・テレジアは庶民的なウィーンなまりのドイツ語を話したため、多くの国民に親しまれました。

　1765年、フランツ1世が死去し、息子のヨーゼフ2世が神聖ローマ皇帝に即位しました。これ以降は、母子の共同統治となります。

　このヨーゼフ2世をふくめて、フランツ1世とマリア・テレジアの間には、息子が5人、娘が11人いました。何人かは病気のため幼くして死去しましたが、多くの子どもは母の意思によって各国の王族と政略結婚します。

とくにフランスを支配するブルボン家との関係は重視《じゅうし》され、息子３人、娘ふたりが、イタリアのパルマ公などブルボン家の血を引く各国の王族と結婚します。末娘のマリー・アントワネットは、１７７０年にフランスのルイ王太子《おうたいし》（のちのルイ16世）と結婚しました。

１７８０年11月にマリア・テレジアが死去すると、ヨーゼフ２世の単独統治がはじまります。ヨーゼフ２世は、貧民層の国民を支援する政策に力を入れ、農民を領主の所有物とみなす農奴《のうど》制《せい》を廃止するなど、母よりさらに先進的な啓蒙専制君主でした。

加えて、１７８１年には宗教寛容令《しゅうきょうかんようれい》を発して、プロテスタントやユダヤ人にも活動の自由を認めたため、ウィーンにはさまざまな民族が集まってきます。ただし、神聖ローマ帝国の公用語はドイツ語と定められ、ハンガリー人や、スラブ系のチェコ人やスロヴァキア人、クロアチア人といった少数民族にもドイツ語教育が徹底《てってい》されました。

一方、ヨーゼフ２世は対外政策ではプロイセン、ロシアとともにポーランドの分割を進めます。さらに、バルカン半島での勢力拡大を図って、1787年にロシアとオスマン帝国の間で起こった露土《ろと》戦争に介入します。しかし、戦果は少なく、しかもみずから戦場に出たのが原因で肺結核《はいけっかく》が悪化し、1790年に死去しました。

## フランス革命とポーランド分割

1789年7月、フランスでは財政問題を話し合うため、貴族、聖職者、平民の代表者による三部会が開かれ、貴族と衝突した平民の代表は独自に国民議会を設立しました。ほどなく、困窮《こんきゅう》したパリ市民が暴動《ぼうどう》を起こし、フランス革命が広がります。

オーストリアとプロイセンは、絶対王政を否定する革命が自国におよぶのを恐れ、革命後のフランスの新政権に戦争をしかけました。しかし、フランスで組織された国民軍に退《しりぞ》けられます。

1793年1月にフランス国王ルイ16世が処刑《しょけい》されると、イギリス、オランダなどの各国も加わった対仏大同盟《たいふつだいどうめい》が結成されます。

一方、オーストリアは、プロイセン、ロシアとともにポーランドの分割を進めていましたが、ポーランド議会はフランス革命の強い影響を受け、1791年に立憲君主制《りっけんくんしゅせい》、市民の政治参加、貴族の特権の廃止などを定めた「五月三日憲法」を導入します。このため、ロシアはポーランドから革命が広がることを恐れて軍事介入しました。

　ポーランド軍は抵抗したものの大敗し、1795年にオーストリア、プロイセン、ロシアによってポーランドは分割され、地図上から姿を消します。

　戦争が続くなか、フランスでは国民軍の指導者となったナポレオンが、1804年の国民投票によりフランス人民の皇帝に即位しました。西欧にあった神聖ローマ帝国領はフランス軍に占領され、従来の選帝侯による皇帝選出

## ポーランド分割

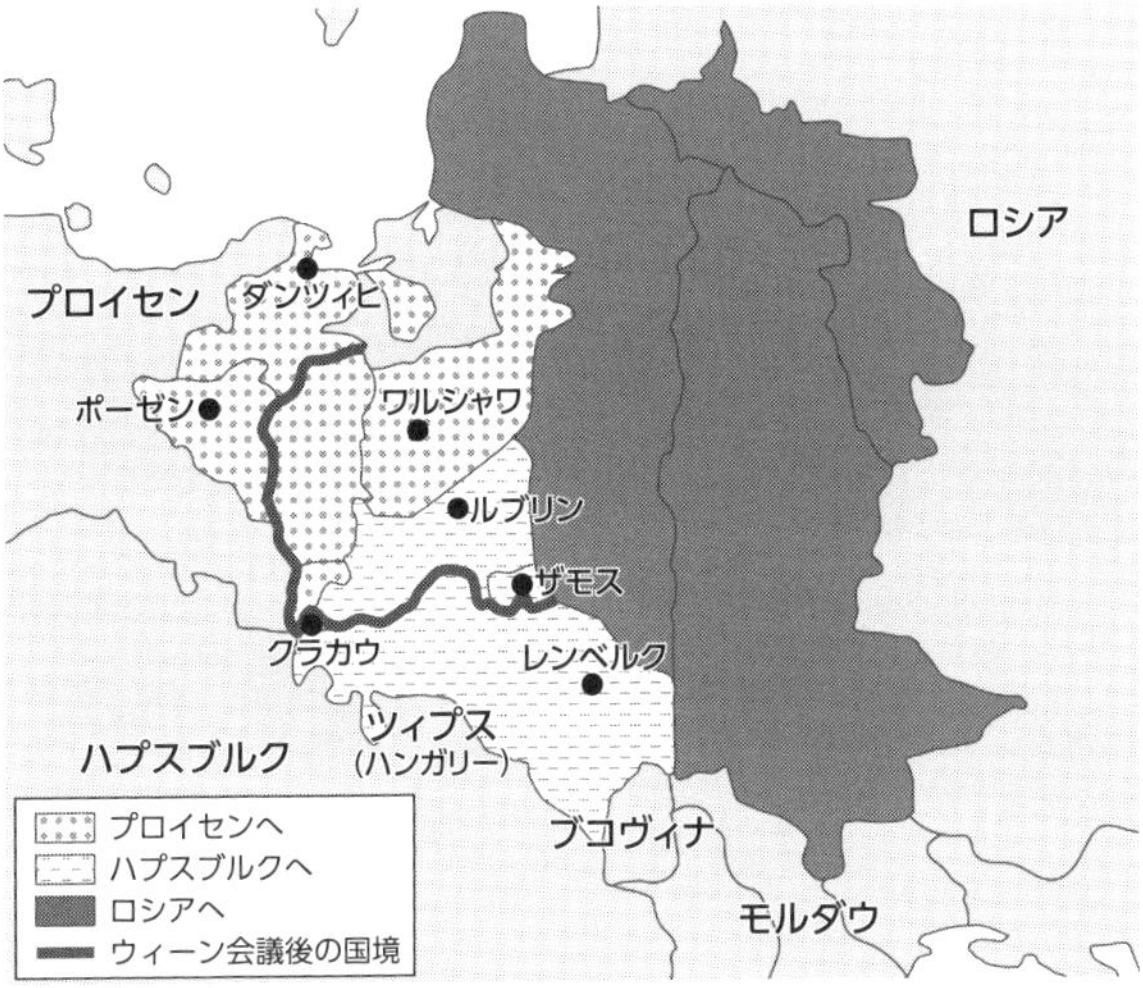

## 19世紀はじめのフランス帝国とその周辺国

は実質的に不可能となります。

そこで、神聖ローマ帝国皇帝フランツ2世は、ハプスブルク家の支配地を再編したオーストリア帝国の皇帝フランツ1世を名乗りました。

### 神聖ローマ帝国の終わり

ウィーンは1805年の秋、ヨーロッパ各国を征服していたナポレオン率いるフランス軍に占領されます。同年12月、現在のチェコ東部にあるアウステルリッツの戦いで、オーストリアとロシアの連合軍はフランス軍に大敗しました。

この戦いは、フランス皇帝ナポレオン

1世、オーストリア皇帝フランツ1世、ロシア皇帝アレクサンドル1世が同じ戦場にいたため、「三帝会戦」とも呼ばれます。

終戦後に結ばれたプレスブルクの和約によって、オーストリアは支配地の一部を手放します。ヴェネツィアなど北イタリアの領土が独立したり、フランスの勢力圏に組み込まれたりしました。

一方、チロルはフランスと同盟関係のバイエルンが獲得しました。このころ、チロルの独立のためにアンドレアス・ホーファーが立ち上がります。彼はチロルの農民軍を率いてバイエルン軍に立ち向かい、一時的に勝利しますが、結局捕えられて、1810年にナポレオンの命令で処刑されます。

1806年7月、バイエルン王国、バーデン大公国など神聖ローマ帝国に属した16の小国は、ナポレオンによってライン同盟に再編《さいへん》されました。

こうして、神聖ローマ帝国は名実ともに解体されます。神聖ローマ帝国皇帝の位は廃止され、残ったハプスブルク家の支配する地域は、以後「オーストリア帝国」と呼ばれます。

その後、フランツ1世はイギリスと手を組んでナポレオンへの逆襲《ぎゃくしゅう》を図ったものの失敗し、1809年5月にふたたびウィーンを占領されました。ただし、フランス軍は市民との衝突を避け、ナポレオンは観劇や音楽家のハイドンを追悼《ついとう》する演奏会を楽しんだといわれます。

さらにナポレオンは、ヨーロッパの支配を確実にするため、ハプスブルク家と姻戚関係を結ぼうと考え、皇后《こうごう》ジョセフィーヌと離婚して、フランツ1世の娘マリア・ルイーザ（フランス名はマリー・ルイーズ）を妻に迎えました。

## ウィーン体制の成立

ナポレオンの絶頂期は、長くは続きませんでした。1812年にロシア遠征で大敗し、1813年10月には、オーストリア、プロイセン、ロシア、スウェーデンの連合軍にライプチヒの戦いで敗れました（諸国民戦争）。翌年、連合軍はパリを占領し、ついにナポレオンを失脚《しっきゃく》させました。

ヨーロッパ各国の王族や政治家は、オーストリア外相メッテルニヒの主導のもとウィーンに集まり、ナポレオン戦争の事後処理のため会議を開催《かいさい》します（ウィーン会議）。とはいえ、なかなか各国の意見はまとまらず、連日のように舞踏会《ぶとうかい》がくり返されるばかりで、「会議は踊《おど》る、されど進まず」と評されました。

この隙《すき》にナポレオンは流刑地《るけいち》のエルバ島を抜《ぬ》け出しますが、1815年6月ブリュッセル郊外のワーテルローでイギリス・プロイセン連合軍に敗北し、大西洋にあるセントヘレナ島で生涯を終えます。

再開後のウィーン会議によって、フランスは革命前の状態にもどされ、ブルボン朝の王政復古が実現します。会議では各国の勢力圏が改《あらた》めて定められ、この枠組《わくぐ》みは「ウィーン体制」と呼ばれます。さらに、各国の王族と教会による保守的な秩序《ちつじょ》を維持するため、ロシア、オーストリア、プロイセンを中心とする神聖同盟《しんせいどうめい》が結成されました。

ナポレオンが結成したライン同盟は解体され、ドイツ語圏の中小国（バイエルン王国、ザクセン王国、ホルシュタイン公国など）は、ゆるやかな連合体のドイツ連邦に再編され、オーストリアが連邦議会の議長国を務めることになります。ところが、連邦の主導《しゅどう》権《けん》をめぐってオーストリアとプロイセンの争いがしだいに激化《げきか》します。

ウィーン体制の成立後も、ヨーロッパの各地では、国民の団結を唱えるナショナリズムや市民の政治参加を求める声が高まりました。

オーストリアでは、ポーランド人やチェコ人、ハンガリー人など、オーストリア・ドイツ人に支配される民族の独立運動や自治権《じちけん》の要求も活発になります。1821年にオーストリア宰相となったメッテルニヒは、このような動きを力で抑え込もうとしました。

こうした政変《せいへん》と同時に、19世紀前半は、産業革命がヨーロッパに広まった時代でした。オーストリア支配下のチェコには近代的な紡績工場《ぼうせきこうじょう》が建設され、ウィーン周辺では1837年に北部鉄道が運行をはじめます。都市部では工場労働者が増加しますが、その生活環境は劣悪《れつあく》で、政府に不満を抱く者が増えていきました。

## 各地に連鎖した革命

1848年2月、フランスでは都市の労働者を中心とする二月革命が起こります。これに刺激《しげき》され、ヨーロッパの各地では、保守的な王侯貴族による支配体制の打倒と、大国に支配される少数民族の独立を求める運動が広がりました。

オーストリアでは3月、政府に不満をつのらせていた市民や学生がウィーンで暴動を起こし、ウィーン三月革命が起こります。それまで保守的な秩序を維持してきたメッテルニヒは、宰相の座から引きずり降《お》ろされ、イギリスに逃亡しました。

皇帝フェルディナント1世は、ウィーン市民に対し、憲法《けんぽう》の制定、言論・出版の自由、普通選挙の実施《じっし》などを約束します。しかし、皇帝による改革方針は市民の要求に対して不十分だったので、市民と政府の衝突が続きました。

ウィーンでは10月に市内で激しいバリケード戦がくりひろげられますが、皇帝軍が暴動を鎮圧し、革命運動は下火《したび》になります。国民の非難

を浴びたフェルディナント1世は同年12月に退位し、18歳のフランツ・ヨーゼフ1世が新たな皇帝に即位しました。

また、このころドイツ語圏の国ぐにでは、フランスやロシアなど近隣の大国に対抗するため、国民の政治参加とともにドイツ統一をめざす動きが広まっていきます。

1848年3月、「フランクフルト国民議会」が開かれ、多数の市民や学者、官僚らによって、ドイツ統一に向けての議論がくり広げられました。

ここで、新たな統一国家にオーストリアをふくむ「大ドイツ主義」と、ふくまない「小《しょう》ドイツ主義」のどちらを採用するか、論争が起こります。オーストリアは、チェコ人やハンガリー人などもたくさんいる多民族国家だからです。

結局、プロイセンを中心とする小ドイツ主義が優勢になります。しかし、プロイセン国王のフリードリヒ・ヴィルヘルム4世は、ドイツ統一にはドイツ語圏の各国の諸侯や外国政府の支持が欠かせないと考えていたので、あくまでも民間の団体であるフランクフルト国民議会には協力的ではありませんでした。そのため、この時点でのドイツ統一は実現しませんでした。

一方、オーストリアの支配下にあったハンガリーでは、国会議員のコシュートを中心とする独立派が、政府から大幅な自治権の拡大を勝ちとります。コシュートは勢いに乗ってハンガリーの独立を宣言しましたが、南部に住むクロアチア人などハンガリー領内のほかの民族の反発を招き、オーストリア軍が独立派を徹底的に弾圧しました。

チェコでは、完全な独立よりもオーストリア支配下のスラブ系諸民族の連帯《れんたい》による連邦体制をめざす動きが主流で、「スラブ民族会議」が組織されました。

さらに、オーストリア領であるイタリアのロンバルディア地方などでも、独立を求める反乱が起こります。イタリア統一をめざすサルデーニャ王国は反乱を支援し、第一次イタリア独立戦争が起こりますが、オーストリア軍は鎮圧しました。

## 戦乱に見舞われる新皇帝

1849年3月、フランツ・ヨーゼフ1世によってオーストリア帝国憲法（三月憲法）が制定されます。ただし、これは議会ではなく皇帝が定めた欽定《きんてい》憲法で、かならずしも民意《みんい》を反映したものではありませんでした。

この憲法では皇帝の地位と権限、国民の権利のほか、帝国の領土の範囲を明文化し、ハンガリー王国、ボヘミア王国、クロアチア、トランシルヴァニア（現在のルーマニア西部）などをふくむとしています。つまり、ドイツ人が住む地域と、ほかの民族が住む地域を切り離せないものとしました。

独身のまま即位したフランツ・ヨーゼフ1世は、1854年4月、バイエルン王家の親戚にあたるエリーザベトと結婚します。ドイツ語圏のなかでも、プロテスタント国のプロイセンとは異なり、バイエルンはオーストリアと同じカトリック国で、しかも王族同士が姻戚関係になったので両国の結びつきは強くなります。

一方、ロシアとオスマン帝国の間では、1853年からクリミア戦争が起こっていました。地中海でのロ

シアの強大化を恐れるイギリス、フランス、サルデーニャは、オスマン帝国に味方し、1856年に反ロシア同盟軍の勝利に終わります。

オーストリアは、ロシアの勢力拡大を恐れつつ中立を維持したので、この戦争ではなにも得られず、ロシアとの関係を悪化させました。

これに対し、戦勝国の一員となったサルデーニャは国際的な地位を高め、フランスを後ろ盾にすることで、本格的にイタリア統一とイタリア半島内のオーストリア領の獲得をめざします。

1859年4月、サルデーニャとフランスの連合軍はオーストリアに宣戦布告し、第二次イタリア独立戦争がはじまります。各地で激しい戦闘がくり返され、とくに同年6月のソルフェリーノの戦いでは、両軍合わせて数千人の死者が発生しました。

ちなみに、戦時下で敵味方に関係なく負傷者を救護《きゅうご》する国際赤十字社は、ソルフェリーノの戦いの悲惨《ひさん》な経験をきっかけに設立されたものです。

オーストリアは大敗し、ロンバルディア地方を奪われました。勢いに乗ったサルデーニャは、この2年後、イタリア半島のほぼ全土を統一してイタリア王国を築きます。

## 普墺戦争と二重帝国の成立

1864年1月、オーストリアとプロイセンはドイツ系住民の保護を理由にデンマークに戦争をしかけ、シュレスヴィヒ・ホルシュタイン地方を奪います。同地の北部はプロイセン領、南部はオーストリア領となりました。

プロイセン宰相ビスマルクは南部地域も獲得するために1866年6月にオーストリアに宣戦布告し、普墺《ふおう》戦争（プロイセン・オーストリア戦争）が起こります。近隣のバイエルン、ハノーファーなどはオーストリアに味方しましたが、多民族国家であるオーストリアは、地域ごとに兵士を集めて動かすのに手間《てま》取りました。

対するプロイセンは皇帝のもとに軍が管理され、訓練《くんれん》が行き届いていました。しかも、鉄道による兵員の輸送、電信《でんしん》を活用した命令の伝達、連射能力にすぐれた新式銃《じゅう》の採用など技術面でもオーストリアを上回り、7週間で勝利します。

普墺戦争の結果、ドイツ語圏の国ぐにに対するプロイセンの主導権が確立されます。オーストリアを中心とするドイツ連邦は解体されて、プロイセンを中心とする北ドイツ

## アウスグライヒ

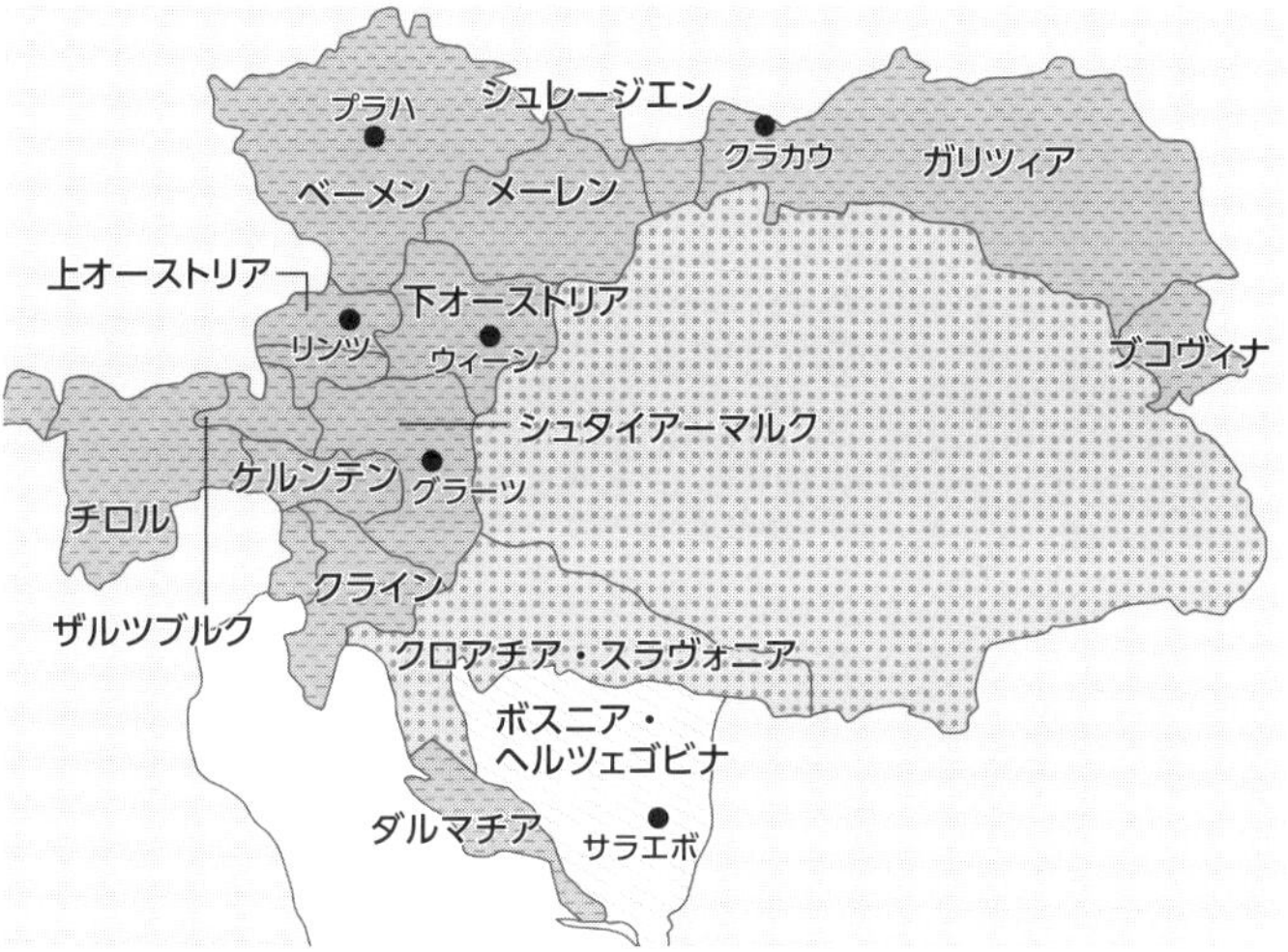


連邦に再編されました。

その後、プロイセンはフランスとの普仏戦争（独仏戦争）にも勝利し、１８７１年にバイエルン、ザクセン、バーデンなど、オーストリアを除くドイツ語圏のほとんどの国を統一したドイツ帝国を建国します。

敗北したオーストリアは、プロイセンに賠償金《ばいしょうきん》を支払わされたうえに、プロイセンに味方したイタリアにヴェネツィアの支配権を譲ります。

さらに、オーストリアの弱体化に乗じて、国内の少数民族による独立運動が激化する恐れがありました。このためオーストリア政府は、1867年3月、国内最大の異民族勢力であるハンガリーとの間に「アウスグライヒ（和協）」という協定を結びます。

ハンガリーに内政の自治を認めたうえで、オーストリア皇帝がハンガリー国王を兼任《けんにん》するものです。軍事・外交・財政の方針はウィーンの中央政府が決定しますが、ハンガリーは独自の政府と議会をもつことが許されました。

以降は、オーストリア・ハンガリー二重帝国《にじゅうていこく》が正式な国名となります。二重帝国の内部では、ハンガリー人がさらに東部の諸民族（スロヴァキア人、ルーマニア人、セルビア人など）を支配しました。

## 皇帝も来たウィーン万博

国外での戦乱や政治体制の変革《へんかく》とともに、19世紀後半にはウィーンを近代的な都市に改造《かいぞう》する計画も進められました。

中世から市民の居住地を分断《ぶんだん》してきた市壁《しへき》は1857年から解体され、跡地にはリングシュトラーセと呼ばれる環状《かんじょう》の幹線道路《かんせんどうろ》が敷設《ふせつ》されます。

市内には自然公園や新しい公共施設が建設され、1869年にはウィーン王立歌劇場（現在の国立歌劇場）が完成しました。こけら落しの演目《えんもく》はモーツァルトのオペラ「ドン・ジョヴァンニ」でした。

1859年にはオーストリア帝国領内での商業活動と移動が自由化され、ウィーンは、もとからのドイツ系の住民のほか、ハンガリー人、チェコ人、ポーランド人、ルーマニア人といった、さまざまな民族が流入《りゅうにゅう》する国際都市になっていきます。東欧の多くの国でユダヤ人は迫害の対象となっていました

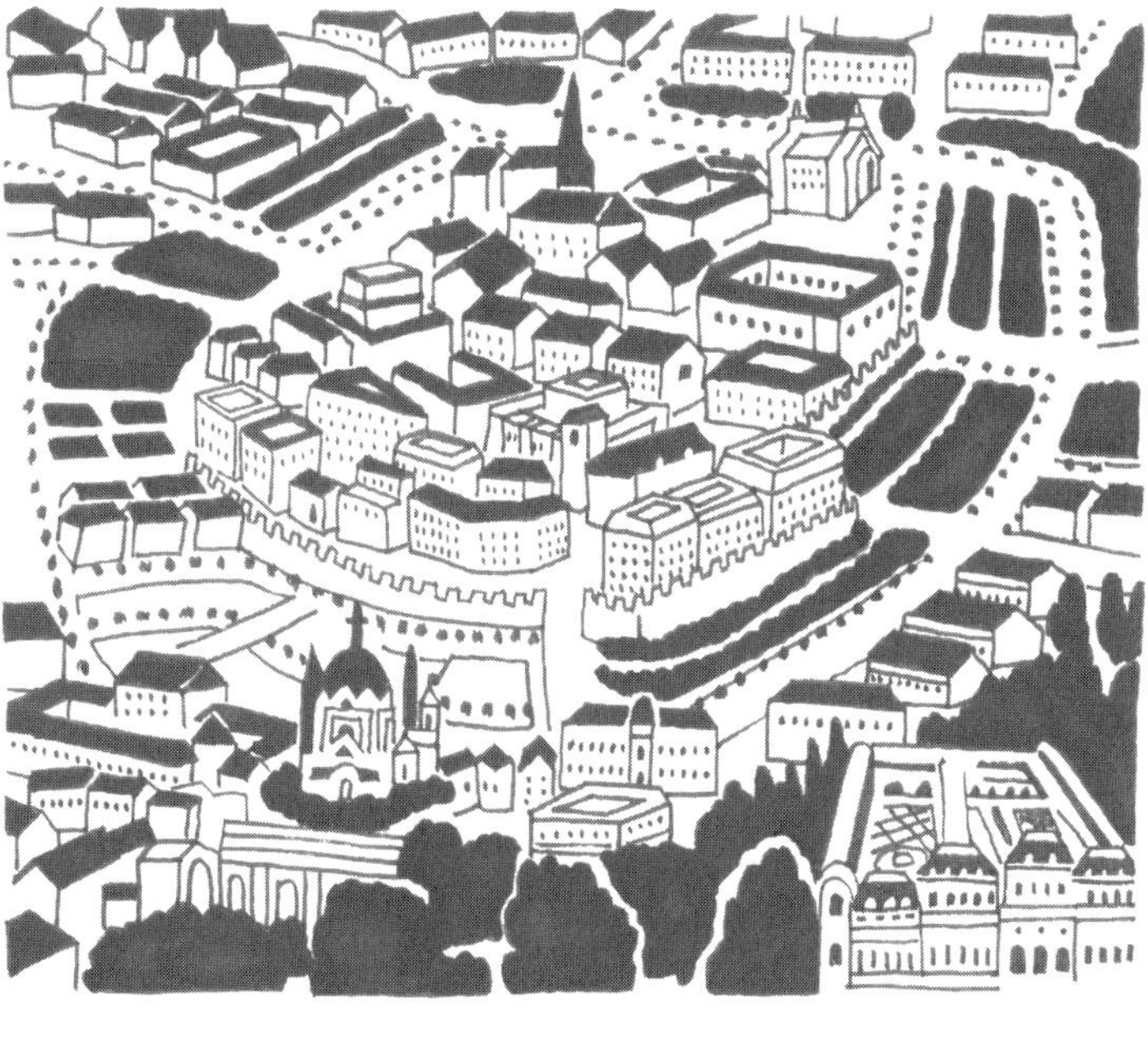

が、ハプスブルク家は産業を盛んにするため、ユダヤ系の商工業者も大量に招き入れました。

このため、1800年には23万1000人だったウィーンの人口は、1851年には約2倍の43万1147人、1900年には164万7957人にまで増えます。市内の多くのカフェでは、ヨーロッパ各国の新聞や雑誌が置かれて各国の情報が流入し、芸術家や文化人の交流の場となりました。

こうしたなか、1873年にはフランツ・ヨーゼフ1世の即位25周年を記念し、ウィーン万国博覧会《ばんこくはくらんかい》が開催されます。44カ国から、農産物、工業製品、美術品などが出品され、725万人が来場しました。ちなみに、この万博で日本の明治政府がはじめて正式に出展しました。フランツ・ヨーゼフ1世と皇后エリーザベトは、観客として日本館を訪れ、神社や和風の庭園を見物したといいます。

## バルカン半島問題が浮上

普墺戦争に敗れたのち、オーストリア・ハンガリー二重帝国はドイツ語圏の地域に対する影響力を失ったので、南東のバルカン半島に勢力圏を広げようとしました。バルカン半島の国ぐには、長らくオスマン帝国の支配下にありましたが、19世紀に入ると、オスマン帝国の衰退《すいたい》に乗じて独立を求める動きが活発になります。

なかでも、イスラム教徒、カトリック教徒、東方正教徒が混在するボスニア・ヘルツェゴヴィナでは、1875年にキリスト教徒の農民がイスラム教徒の地主に反乱を起こします。続いて、ブルガリアでもオスマン帝国に対するキリスト教徒の反乱が起こり、その弾圧で多くの死者が発生します。

1877年にロシアがキリスト教徒を保護するという名目でバルカン半島に軍を派遣し、事態はオスマン帝国との露土戦争（ロシア・トルコ戦争）に発展します。戦闘がロシアの勝利に終わると、オーストリア・ハンガリー二重帝国とイギリスは、ロシアがバルカン半島で勢力を拡大することに強く反発します。

このため、ドイツ宰相ビスマルクの呼びかけによって1878年にベルリン会議が開催され、露土戦争後の各国の勢力圏が整理されました。オスマン帝国の支配下にあったセルビア、ブルガリア、ルーマニアなどの独立が認められ、オーストリア・ハンガリー

## ハプスブルク家の家系図⑤

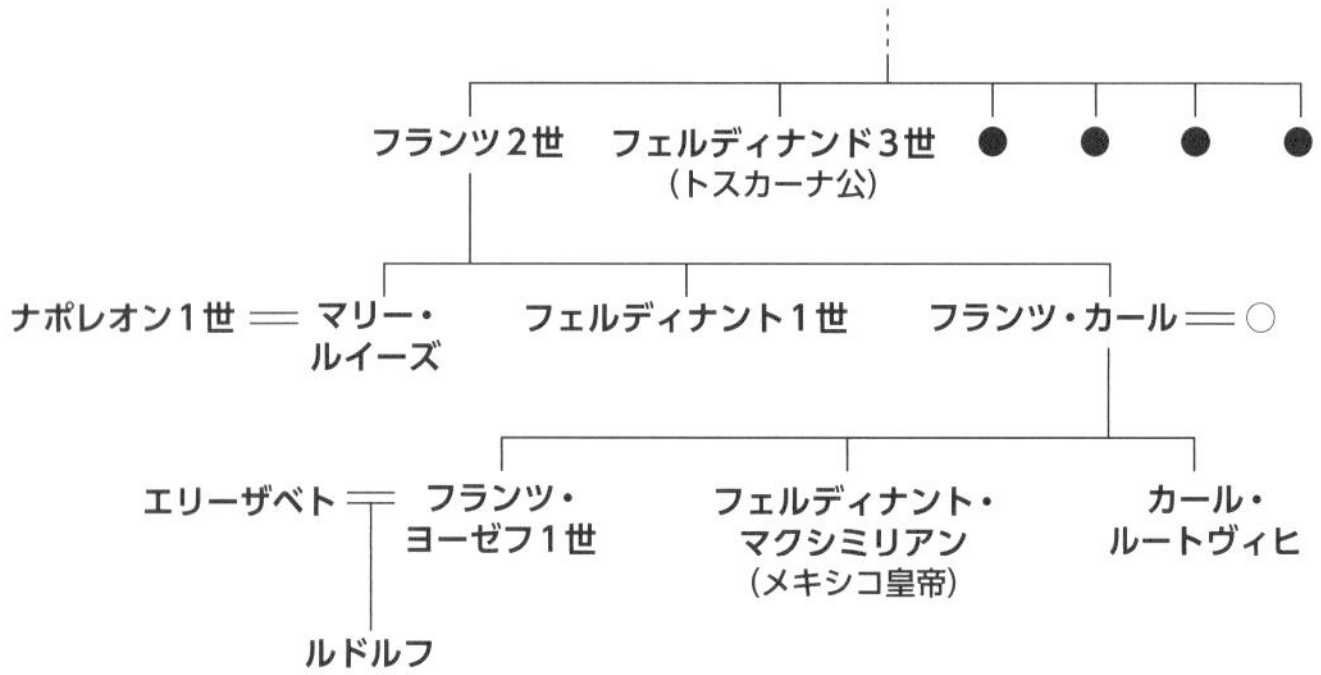


二重帝国は、ボスニア・ヘルツェゴヴィナの統治権を獲得します。

その後、１９０８年にはオスマン帝国で革命組織の「青年トルコ」が決起《けっき》し、地方でも独立や自治権の獲得をめざす運動が激化しました。この状況を利用して、オーストリア・ハンガリー二重帝国はボスニア・ヘルツェゴヴィナを正式に併合します。とはいえ、ボスニア・ヘルツェゴヴィナ内のセルビア系や正教徒の住民は、ゲルマン系・カトリック国のオーストリアを激しく敵視しました。

以降、バルカン半島は、汎《はん》スラブ主義（スラブ系民族の連帯を唱える思想）を掲げるロシア・セルビアと、これに対抗して汎ゲルマン主義を唱えるオーストリア・ハンガリー二重帝国の対立が続き、戦乱の火種《ひだね》となります。

## 皇帝一族に不穏な影

1848年に18歳で即位したフランツ・ヨーゼフ1世は長命でしたが、長い治世の間にハプスブルク家はいくつかの不幸に見舞《みま》われます。

フランツ・ヨーゼフ1世の弟のマクシミリアンは、南北アメリカ大陸での影響力の拡大をめざすフランスの後押しによって、1864年4月にメキシコ皇帝に即位します。

ところが、メキシコでは共和主義者《きょうわしゅぎしゃ》による反乱が起こり、マクシミリアンは反乱軍に捕えられたのち、1867年6月に処刑されました。

フランツ・ヨーゼフ1世は保守的な価値観をもつ人物でしたが、皇太子のルドルフは、非ドイツ系の異民族とも対

### そのころ、日本では?

日本初の公害事件である足尾鉱毒《あしおこうどく》事件は、1870年代に発生しました。栃木県の足尾銅山から出た有害物質によって農作物などが枯れ、これに怒った農民800人が1897(明治《めいじ》30)年に東京で請願《せいがん》運動を行います。しかし、効果のある対策はほとんどとられませんでした。

等に接し、民衆の自由な政治や経済活動を認める考え方だったため、親子の間で衝突が絶《た》えませんでした。

また、ルドルフはベルギー王女ステファニーと結婚したものの、夫婦仲は険悪《けんあく》で、別の女性とも親しくなります。1889年1月、ウィーン郊外のマイアリンクで、ルドルフと男爵家《だんしゃくけ》の令嬢《れいじょう》だったマリー・ヴェッツェラの死体が発見されました。死因は不審《ふしん》な点が多いものの、ピストルによる自殺とされています。

皇后エリーザベトも、ルドルフの教育方針をめぐってフランツ・ヨーゼフ1世とたびたび衝突しました。彼女は海外を転々とすることが多く、1898年9月、スイスのジュネーブを訪問中に、レマン湖のほとりでイタリア人の無政府主義者《むせいふしゅぎしゃ》ルイジ・ルケーニによって暗殺されます。

## 民族と階層をめぐる対立

オーストリア・ハンガリー二重帝国において、チェコ人はハンガリー人とならぶ非ドイツ系民族の一大勢力でした。1880年にはターフェの言語令が定められ、チェコの教育機関ではチェコ語の使用が許されます。さらに１８９７年にはバデーニの言語令が定められ、チェコではドイツ語とチェコ語の地位が対等になりました。ところが、チェコ内に多数住んでいるドイツ系住民の間でこの政策に対する反発が強まり、排外《はいがい》的な民族主義が広がることになります。

19世紀末には民族間の対立だけでなく、産業の発展によって商工業者や工場労働者が増えた結果、社会階層間の対立も激化し、さまざまな政治勢力が生まれます。

当時のヨーロッパでは、国家による福祉《ふくし》政策の充実や貧困層の救済《きゅうさい》を唱える社会主義運動が広がっていました。その影響を受けて、１８８９年にはオーストリア社会民主党が結成《けっせい》されます。

一方で同時期には、保守的なカトリック教会の道徳観《どうとくかん》を保持しつつ、社会的な改革を進めるキリスト教社会党も結成されました。

１８９７年、キリスト教社会党を率いるカール・ルエーガーがウィーン市長に就任します。ルエーガーは市内の交通網や、上下水道および電気・ガスの整備、学校や病院の建設などに尽力《じんりょく》しました。

その反面、多民族の共存《きょうぞん》を進めるハプスブルク家の方針によって、非ドイツ系のさまざまな異民族が混在する状況には批判的でした。とくに会社経営者や大学教員などの要職でユダヤ人が増加したことを背景にして、民衆からの支持を獲得する手段として排外的な反ユダヤ主義を積極的に唱えます。

のちにドイツでナチ党を率いるヒトラーは、1907年ごろウィーンで生活しており、ルエーガーの影響を受けていたといわれます。

## 世紀末のウィーン文化

ハプスブルク家は音楽や出版の支援に力を入れており、19世紀末から20世紀には、「世紀末ウィーン」と呼ばれる独自の文化が生まれました。

たとえば、画家のグスタフ・クリムトはそれまでの美術界の権威を否定し、「ウィーン分離派」と呼ばれる芸術家のグループをつくります。建築家のヨーゼフ・ホフマンらは、多くの工芸美術家とともにウィーン工房を結成し、伝統的な価値観にとらわれない個性的なデザインの建築、家具、室内装飾《しつないそうしょく》、日用品を生み出しました。

音楽では、ワルツ演奏で名高いヨハン・シュトラウス、ウィーン国立歌劇場の指揮者として多くの歌劇を手がけたグスタフ・マーラーらが活躍します。

科学や哲学《てつがく》の分野でも、ウィーンには多くのすぐれた人物が集まりました。精神分析医のフロイトは、人間の無意識に着目し、1900年に刊行した『夢判断《ゆめはんだん》』は、後世の医学界のみならず哲学や文学にも大きな影響をあたえます。

哲学者のヴィトゲンシュタインはウィーンで育ち、成人後はイギリスのケンブリッジ大学で言語コミュニケーションについての研究を重ね、『論理哲学論考《ろんりてつがくろんこう》』などを刊行しました。

ウィーンの文化人の間では、美術や音楽や文学といった分野を超《こ》えた交流もさかんでした。また、マーラー、フロイト、ヴィトゲンシュタインはユダヤ系です。世紀末ウィーン文化は、東欧の各国からさまざまな民族が集まり、自由に議論を交わすというオーストリア・ハンガリー二重帝国の多様性に支えられていたのです。

ひみつコラム

# オーストリアの音楽家

## 国内外から集《つど》った名曲の生みの親たち

　オーストリアでは『音楽の都』と呼ばれたウィーンを中心に、数多くの作曲家、演奏家、歌手などが活躍しました。『交響曲《こうきょうきょく》の父』と呼ばれたハイドンは、シュテファン大聖堂の少年合唱団員を出発点に、独力で作曲を学び、ハンガリーの有力貴族エステルハージ侯爵家《こうしゃくけ》に仕《つか》える楽師《がくし》となります。１８０９年に亡くなるまでの77年の生涯に、交響曲『告別』、弦楽四重奏曲《げんがくしじゅうそうきょく》『ひばり』など多くの作品を残しました。

　１７６２年には、ウィーンを訪れた6歳のモーツァルトの演奏がマリア・テレジアを驚《おどろ》かせます。出身はオーストリア中部のザルツブルクで、１７８１年から本格的にウィーンに進出し、宮廷楽師にはならずに自由な生涯を送りました。ピアノソナタ『トルコ行進曲付』やオペラの『魔笛《まてき》』、『フィガロの結婚』などで知られます。

　ドイツ西部のボン出身のベートーヴェンは、ハイドンとモーツァルトにあこがれ、１

792年にウィーンにやってきました。この時期、大衆娯楽としての音楽も広がり、彼の作品は多くのコンサートを通じて貴族のみならず市民にも愛されます。30歳ごろには難聴《なんちょう》となりますが、ピアノソナタ『月光』、交響曲『運命』、『英雄』などの名曲を残しました。

オーストリアの音楽家は、民族的なルーツも多彩です。歌曲『魔王《まおう》』、『野ばら』などで知られるシューベルトはウィーン生まれですが、モラヴィア（現在のチェコ東部）出身の一族の血を引いています。

青年期にウィーンでピアニストとして活動したリストは、ハンガリー貴族の家に生まれ、『ハンガリー狂詩曲《きょうしきょく》』、『ファウスト交響曲』などの作品を残しました。

知れば知るほどおもしろいオーストリアの偉人④

19世紀を代表する平和運動家

## ベルタ・フォン・ズットナー

Bertha von Suttner

1843～1914

### 女性で初めてノーベル平和賞を受賞

西洋列強が戦争をくり返していた19世紀は、まだ女性の活動が制限されていました。ベルタ・フォン・ズットナーは、そのような時代に平和運動に身を投じます。

出身はプラハで、伯爵《はくしゃく》家の血を引いていましたが、母親は平民でした。成人後にウィーンでズットナー男爵《だんしゃく》家の娘の家庭教師になり、のちに男爵の息子アルトゥールと非公式な形で結婚します。語学教師や音楽教師を務めながら平和運動を続け、1889年に反戦小説の『武器を捨てよ』を発表します。1891年にはオーストリア平和協会を創設《そうせつ》して各国の人びとと交流し、オーストリア内で激化していたユダヤ人差別にも反対しました。

結婚前にはダイナマイトの発明者であるアルフレッドノーベルの秘書《ひしょ》を務めたこともあり、彼には平和運動への協力を勧《すす》めます。ノーベルの遺産でノーベル賞が創設されると、1905年には彼女に平和賞が贈《おく》られました。

chapter 5

# 世界大戦敗北と共和国の誕生

## 第一次世界大戦のきっかけ

18世紀末から、バルカン半島で暮らすセルビア人の間で、すべてのセルビア人とセルビア人の土地をひとつの国家に統一しようという大セルビア主義が広まっていました。1908年にオーストリア・ハンガリー二重帝国がボスニア・ヘルツェゴヴィナを正式に併合すると、同地で暮らしていた多くのセルビア人たちは強く反発します。

その結果、ボスニア・ヘルツェゴヴィナには大セルビア主義を掲げる秘密組織《ひみつそしき》がつぎつぎと誕生し、セルビア王国もそれらの秘密組織をひそかに支援します。

そんななか、1914年6月28日にボスニアの州都《しゅうと》サラエボでオーストリア・ハンガリー二重帝国の皇位継承者だったフランツ・フェルディナント大公とその妻がセルビア人学生に暗殺されるという大事件が発生します（サラエボ事件）。犯人のガブリロ・プリンツィプは、大セルビア主義を掲げる秘密組織のひとつ「黒手組《くろてぐみ》」の一員でした。

オーストリア・ハンガリー二重帝国は、この事件にセルビア王国政府が関わっていると断定《だんてい》します。同盟国であるドイツからの全面的な支援が得られることを確認し、オー

## 第一次世界大戦の戦況

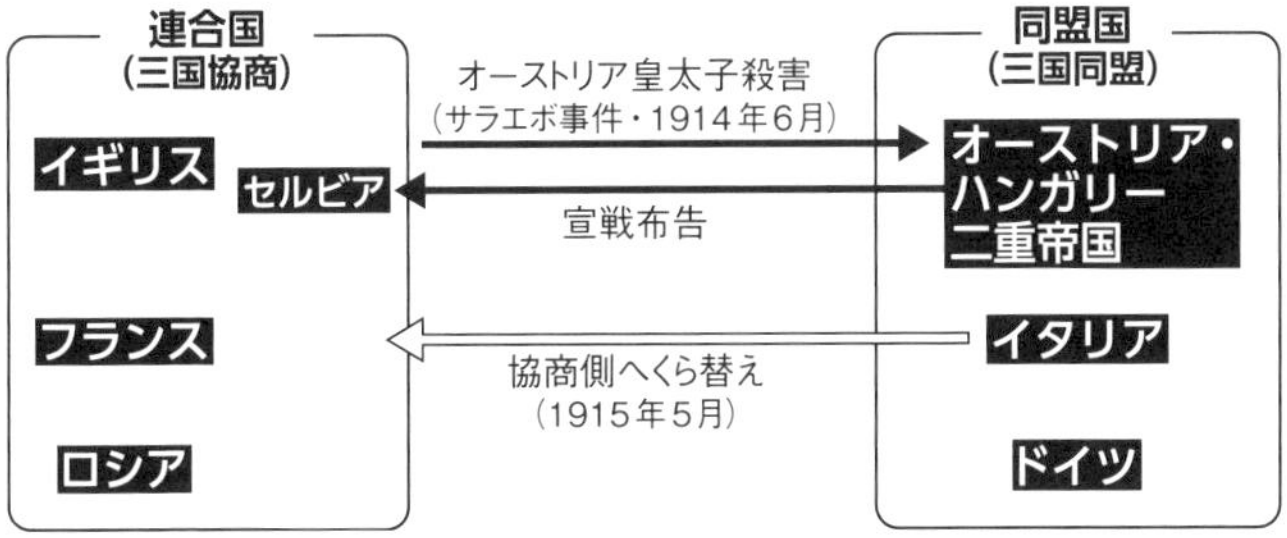


ストリア・ハンガリー二重帝国は1914年7月28日にセルビア王国に宣戦布告《せんせんふこく》をしました。

これに対して、セルビア王国を支援していたロシア帝国が軍事行動をとろうとしたため、ドイツは同年8月1日にロシアに宣戦布告します。

その2日後には、ドイツはロシアの同盟国だったフランスにも宣戦布告しました。

そして、ドイツはパリを占領するために中立国だったベルギーに侵攻します。これを受けて、ロシア、フランスと三国協商を結んでいたイギリスは8月4日にドイツに宣戦布告しました。

こうして、オーストリア・ハンガリー二重帝国、ドイツを中心とした陣営と、ロシア、フランス、イギリスを中心とした陣営が衝突する第一次世界大戦が勃発《ぼっぱつ》します。

## 長期化する戦争

第一次世界大戦において、オーストリア・ハンガリー二重帝国は、バルカン半島、ガリツィア地方、カルパチア地方などの各方面でロシア軍と戦いました。1914年のガリツィアの戦いでは、オーストリア・ハンガリー二重帝国は戦死、負傷《ふしょう》、行方不明《ゆくえふめい》、捕虜《ほりょ》などの理由でおよそ50万人もの兵士を失います。

オーストリア・ハンガリー二重帝国にとって誤算《ごさん》だったのは、ドイツとともに三国同盟を結んでいたイタリアが、中立を表明して戦線に加わらなかったことです。

さらに、イタリアはひそかにイギリスなどと交渉《こうしょう》しており、1915年5月になると南チロルの領土拡大などを保証《ほしょう》してもらう条件で、イギリス、フランス、ロシア側として大戦に参加しました。そのため、オーストリア・ハンガリー二重帝国はイタリアと戦うための兵力も必要になります。

オーストリア・ハンガリー二重帝国とイタリアの戦いでは、アルプス山岳地帯のイゾンツォ川流域がおもな戦場になりました。1915年6月から2年半にわたる戦闘により、両軍合わせて数十万人にもおよぶ死傷者が出ます。

このように戦争が長期化していくなか、1916年11月21日、オーストリア・ハンガリー二重帝国の皇帝フランツ・ヨーゼフ1世が86歳で死去しました。

皇帝は、68年間も在位していた精神的な支えだったため、以降の帝国の動きに大きな影響をもたらします。

## ハプスブルク家の家系図⑥

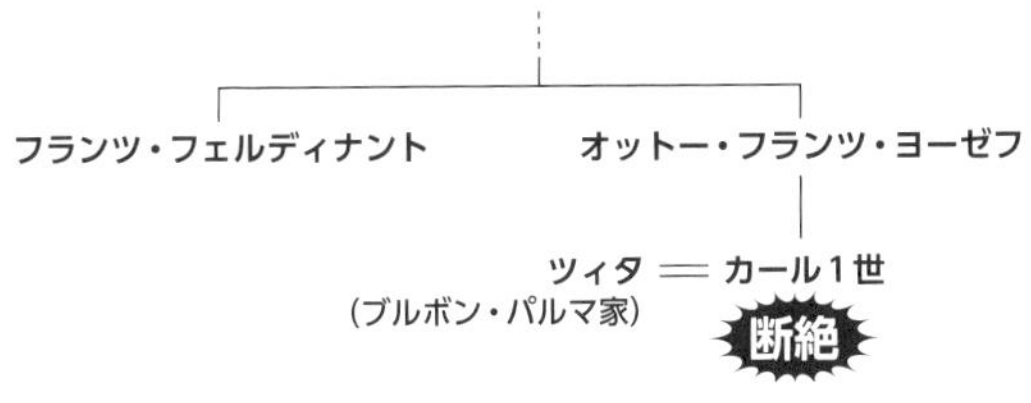


## 二重帝国の崩壊

フランツ・ヨーゼフ1世が亡くなったあと、彼の弟の孫であるカールが後を継ぎ、カール1世となります。1917年春にアメリカがイギリス、フランス、ロシアなどの協商国側として参戦することが濃厚《のうこう》になると、カール1世は味方であるドイツに黙《だま》って、フランスとの講和《こうわ》に動きました。

4月のアメリカ参戦に先き立つ2月、フランス政府に送った手紙のなかで、カール1世は自国の領土ではなく、ドイツ領のアルザス・ロートリンゲン地方をフランスが得ることを支持すると書いてしまいました。

しかし、1918年初頭にドイツが西部戦線を攻撃する作戦を計画すると、カール1世は一転してフランスに敵対の姿勢を示します。これに激怒《げきど》したフランス首相のクレマンソーは、前年にカール1世から送られた手紙を新聞に公開しました。その結果、カール1世はドイツ、フランスの両国からの信頼《しんらい》を失います。

1918年の後半、オーストリア・ハンガリー二重帝国の敗北がほぼ決定的なものとなると、帝国の支配下にあった諸民族が独立を宣言するようになります。同年10月6日には、ザグレブで「セルビア人・クロアチア人・スロヴェニア人王国」の樹立《じゅりつ》が宣言され、直後にはポーランド人も帝国からの離脱《りだつ》を表明しました。

さらに10月28日、プラハでチェコスロヴァキア共和国の樹立が宣言され、10月30日にはハンガリーも帝国からの離脱を公式に表明します。これによって、オーストリア・ハンガリー二重帝国は崩壊し、戦争の継続《けいぞく》は不可能となりました。

10月30日から31日にかけての夜半《やはん》に成立した社会民主党のカール・レンナーを首班《しゅはん》とする臨時政府《りんじせいふ》は、11月3日に協商国との休戦協定を結びます。こうして、第一次世界大戦は終結しました。

11月11日には、カール1世は国政への関与《かんよ》放棄《ほうき》を表明したあと、翌年3月にスイスに亡命《ぼうめい》します。カール1世の亡命によって、13世紀から650年間近くも続いたハプスブルク家によるオーストリアの支配は終わりました。


ハプスブルク帝国と後継国家（1918年）

## 飢餓と流行り病

ところで、オーストリア・ハンガリー二重帝国では、食肉や穀物《こくもつ》の生産はハンガリーが担っており、オーストリアの人びとはそれを消費していました。

しかし、第一次世界大戦の影響でハンガリーからオーストリアへの食料輸出が途絶《とだ》えてしまい、オーストリアの全人口の約3分の1が集中していたウィーンでは深刻な飢餓《きが》状態となっていきます。戦争初期の1915年の時点で、ウィーンでは早くも小麦粉とパンが配給制度《はいきゅうせいど》となりました。その配給も戦争の長期化により減っていき、子どもや老人など体力のない人たちが栄養失調《えいようしっちょう》に苦しむようになります。

さらに1918年に入って、スペイン風邪《かぜ》が大流行します。栄養不足で弱っていたウィーンの住民たちはつぎつぎと亡くなりました。スペイン風邪の犠牲者の多くは子どもたちでしたが、なかには画家のエゴン・シーレなど著名人もいます。

この飢餓状態は、戦争が終わっても続きました。終戦直後の1919年初頭に行われた国際赤十字社の調査によれば、当時、ウィーンの学童《がくどう》18万6000人のうち、約96パーセントが栄養失調の疑いをもたれ、さらにそのうちの半数以上は過度の栄養失調と診《しん》断《だん》されました。

## 山しかない国

1918年11月11日にカール1世が国政を放棄したその翌日、臨時国民議会はオーストリアが共和国となることを宣言します。オーストリア臨時政府は、当初国名をドイツ系オーストリア共和国とし、ドイツ共和国に帰属《きぞく》しようとしました。社会民主党の指導者で外相のオットー・バウアーはベルリンに行き、ドイツに帰属するための交渉をしようとします。

ところが1919年1月18日からはじまったパリ講和会議で、両国の合邦を通じてドイツの国力が強くなることを恐れたフランスによって、オーストリアのドイツへの帰属は否定されました。

この講和会議において、第一次世界大戦末期にオーストリア・ハンガリー二重帝国から独立を表明したチェコスロヴァキア、ポーランド、セルビア人・クロアチア人・スロヴェニア人王国（のちのユーゴスラヴィア王国）、ルーマニア、ハンガリーなどの国家の独立が認められます。それらの国ぐにが独立したあとに残った部分が、オーストリアの領土となりました。

さらに、オーストリアと戦勝国側が1919年9月10日に結んだサン・ジェルマン条約で、オーストリアは南チロル地方のイタリアへの割譲《かつじょう》と、ズデーテン地方などのチェ

## サン・ジェルマン条約後のオーストリア

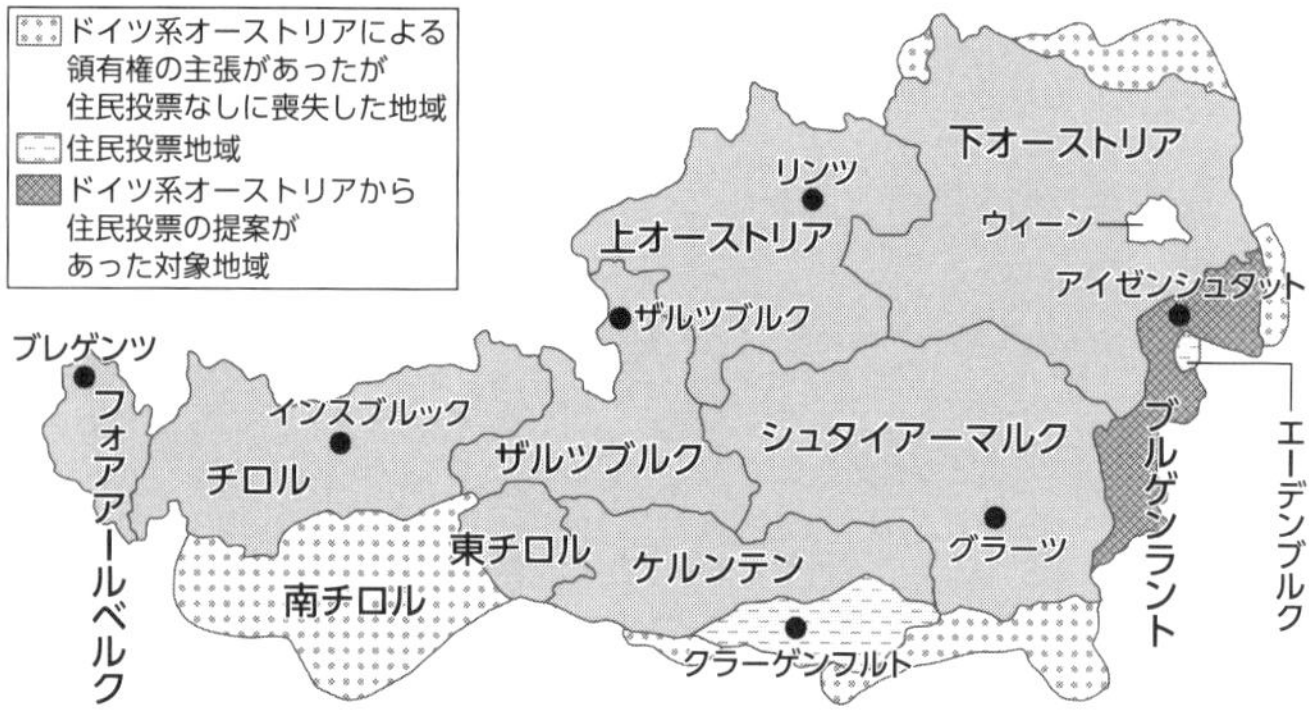


コスロヴァキアへの割譲を認めることになり、国土は一層狭《せま》くなります。

その結果、オーストリアは食料資源や燃料資源の供給地としていた土地や、産業の発展していた地域の多くを失い、ほとんど山岳地帯しかない国となってしまいました。

そのうえ、同条約でオーストリアは、軍と警察の大幅な削減を課《か》せられ、以後80年間、ドイツと合邦することも禁じられました。一気に弱小国となったオーストリアは、「単独では生存不可能な国家」と呼ばれました。

サン・ジェルマン条約が結ばれた1カ月後、ドイツとの合邦を禁止されたこともあり、オーストリアの国名はオーストリア共和国（第一共和国）となります。

## 共和国憲法の制定

オーストリア共和国の成立直後、国政は保守派のキリスト教社会党と左派の社会民主党を中心とした連立政権が担いました。そして社会民主党のカール・レンナーが首相となり、この連立政権下で共和国憲法（1920年憲法）が制定されます。

しかし、オーストリア共和国にはさまざまな問題が残されていました。食料不足の問題は解決しておらず、南部のケルンテンやシュタイアーマルク、東部のブルゲンラントでは国境問題も起こっていたのです。

そんななか、1920年5月に地域の治安維持を掲げたチロルの武装自警団《ぶそうじけいだん》がインスブルックで結成されました。その後、オーストリア各地で同様の組織が結成され、国境問題を抱えていたケルンテンやシュタイアーマルクでも国境警備を目的とした武装自警団が結成されました。武装自警団は保守派の立場で、サン・ジェルマン条約で削減《さくげん》された軍や警察のかわりとなっていきます。

連立政権内では社会民主党が、軍体制を定める法律の制定をめぐってキリスト教社会党と対立し、１９２０年10月に政権を離脱しました。そして、オーストリア各地で結成されていた保守派の武装自警団に対抗するため、１９２３年４月に「共和国防衛同盟」と呼ばれる党の武装組織を創設します。

以後、オーストリア国内では、政治集会やデモで保守派の武装自警団と左派の共和国防衛同盟の衝突がたびたび発生し、双方に多くの死傷者が出るようになりました。

## ストライキでインフラ寸断

オーストリア共和国内の左派と保守派の間で、１９２７年１月30日に大きな事件が起こります。この日、左派の共和国防衛同盟はブルゲンラント州のシャッテンドルフでデモを行っていました。これに対し、保守派の武装自警団である前線兵士《ぜんせんへいし》連盟《れんめい》が発砲《はっぽう》し、労働者ひとりとデモを見ていた８歳の子どもが亡くなります。

ところが、同年７月14日、ウィーンの裁判所が出した判決によってシャッテンドルフ事件で発砲した前線兵士連盟のメンバー３人は無罪《むざい》となります。これに怒ったウィーンの労働者たちは翌日、裁判所と国会議事堂周辺でデモをくり広げ、さらに電気産業の労働者などがデモとストライキを決行しました（7月15日事件）。

この日、このウィーンでの労働者たちの動きはオーストリア全土に広まり、各地の電信、電話、鉄道、交通労働者もストライキを行ったため、全国の通信と交通網が寸《すん》断《だん》される事態となります。また、騒動《そうどう》のなかで、ウィーンでは司法省への放火も起こりました。

労働者の指導的立場にあった社会民主党はデモの動きを抑えようとしますが、労働者たちの怒りは収まらず、デモとストライ

キは一向に終わりませんでした。

そこで、保守派のキリスト教社会党が主導していた政府は武装警官をウィーンに投入します。最終的に、警官の発砲などによりデモは鎮圧されましたが、この事件は労働者側に死者84人、負傷者500人以上を出す大惨事となりました。

その後も地方ではデモとストライキが続きましたが、政府は武装自警団の力を借りて、7月19日までに各地のデモとストライキをすべて鎮圧します。

この騒動のあと、各地の武装自警団は自分たちの実力に自信をもつようになり、ただの自警団から「護国団《ごこくだん》（ハイムヴェァア）」と呼ばれる軍隊に近い組織へと発展していきます。そして、1920年代末には、イタリアでファシズムの思想に基《もと》づく独裁体制を築いたベニート・ムッソリーニを見習い、政治における権力を手に入れようとするファシズム的な政治団体へと変化していきました。

## ファシズムVSファシズム

1929年にアメリカのニューヨークではじまった世界恐慌《せかいきょうこう》の影響は、1930年代に入るとヨーロッパ、オーストリアにも押し寄せます。

同時期、ドイツではオーストリア出身のアドルフ・ヒトラーを指導者とするナチ党が不況に苦しむ人びとの不満を逆手《さかて》にとって、勢力を拡大していきました。オーストリアでも、ドイツのナチ党に同調したオーストリア・ナチが人びとの支持を集めるようになります。

1932年に首相となったキリスト教社会党のエンゲルベルト・ドルフースは、労働者からの支持を得ている社会民主党と、急速に勢力を拡大しつつあったオーストリア・ナチの両方と敵対します。

ドルフースは、1933年3月4日に議会での議事手続きをめぐって3人の正副議長が辞職した機会を逃さず、すぐに議会を閉鎖《へいさ》します。こうして、オーストリアは一気に独裁へ向かいました。翌年に完成するこの独裁システムを、オーストロファシズム（オーストリアのファシズム）といいます。

さらに彼は、6月にオーストリア・ナチを非合法化しました。これにより、オーストリア・ナチの活動家の多くはドイツに亡命します。

ドルフースのナチ・ドイツへの露骨《ろこつ》な敵対姿勢に対して、ヒトラーは1000マルク封鎖令《ふうさ》を発動して対抗しました。

これは、オーストリアに入国するドイツ人ひとりあたりに1000マルクの税金を課すというもので、ドイツからの観光客に依存していたオーストリア経済は大きな打撃を受けます。

しかし、ドルフースはイタリアのムッソリーニとの関係を深め、反ナチの姿勢を崩《くず》そうとはしませんでした。

## 新憲法の公布、首相の暗殺

オーストリア・ナチを排除したドルフースの次の標的となったのは社会民主党です。1934年に入ると、ドルフースは社会民主党の共和国防衛同盟に武装解除を要求し、オーストリア各地の共和国防衛同盟の拠点を強引に捜査《そうさ》しようとしました。これに反発した共和国防衛同盟は、同年2月12日に各地で武装蜂起を決行します。

この武装蜂起をねらっていたドルフースは、警察や護国団のみならず、軍隊まで動員して各地の共和国防衛同盟を徹底的に弾圧します。共和国防衛同盟はウィーンだけでも1000人以上の死者を出し、各地の蜂起は数日で完全に鎮圧されました。そして、蜂起鎮圧後、社会民主党もオーストリア・ナチと同じように非合法化されます。

オーストリア・ナチと社会民主党という国内のふたつの敵対勢力の排除に成功したドルフースは、1934年5月1日に、いわゆる「五月憲法」と呼ばれる新憲法を公布しました。

新憲法は、イタリアのファシズムにならった独裁体制の樹立《じゅりつ》をめざしたもので、これにより政府が立法と行政の二権を独占することになります。憲法公布の前日にあたる4月30日、オーストリアは国名をオーストリア連邦国に変更しました。

国内の敵対勢力の排除と新憲法の公布により、ドルフース政権は安定したかに思われました。しかし、1934年7月25日、ウィーンの首相官邸《かんてい》と放送局にオーストリア・

ナチの一団が押し入り、ドルフースは暗殺されます。

オーストリア・ナチは非合法化されていたものの、官僚や警察、軍隊、さらには護国団のなかにも多くの支持者がいました。オーストリア・ナチはドルフースを暗殺すると同時に、オーストリア各地で反乱を起こします。

ウィーンでの反乱はすぐに警察に鎮圧されましたが、ほかの地域ではオーストリア・ナチの武装部隊と政府軍の激しい戦闘が数日間続きました。このとき政府は、反乱に乗じてヒトラーが介入してくることを恐れ、イタリアのムッソリーニに援軍を要請《ようせい》しました。イタリア軍は国境のブレンナー峠に出撃する用意を整えます。

この動きに対し、イタリアとの衝突を避けたかったヒトラーは介入を見送りました。反乱鎮圧後、ヒトラーは「オーストリア・ナチの反乱とドイツはなんの関係もない」と公式表明を出します。

## ナチ・ドイツに歩みよる

ドルフース政権で教育相を務めていたクルト・シュシュニクが、1934年7月29日に新たな首相となります。当初、シュシュニク政権は前政権と同じく、反ナチの姿勢を維持していました。

ところが、1935年10月にイタリアがエチオピアに侵攻したことで事態は大きく変わります。国際連盟はエチオピア侵攻を非難し、イタリアに経済制裁を加えました。その後、国際社会のなかで孤立したイタリアにドイツが急接近し、両国の関係が改善されていきます。

さらに、1936年7月にスペインで内戦が起こると、イタリアとドイツはスペインのフランコ軍を援助します。そして同年10月、ムッソリーニは、ドイツと協力体制にあることを示す「ベルリン・ローマ枢軸《すうじく》」の成立を宣言しました。

オーストリア共和国は、ムッソリーニを後ろ盾にすることでヒトラーおよびナチ・ドイツに対抗していました。しかし、イタリアとドイツの関係が改善された結果、シュシュニク政権はナチ・ドイツに歩みよるようになります。

1936年、シュシュニクはドイツと七月協定を結び、ドイツとの関係を友好的なものにすることを約束します。これに対し、ヒトラーは1000マルク封鎖令を解除《かいじょ》しました。

さらに妥協は続き、シュシュニクはオーストリア・ナチ系の閣僚を政権に迎え入れるようにもなります。

このようなオーストリアの動きをみて、ヒトラーはオーストリアを併合するための動きを見せはじめます。

## ドイツとひとつに

ドイツのベルヒテスガーデンで、1938年2月にシュシュニクとヒトラーの会談が行われました。

その際、シュシュニクはヒトラーから軍事介入の圧力をかけられ、オーストリア・ナチの一員だったアルトゥール・ザイス・インクヴァルトを内相に就任させ、彼に警察権を握らせることなどを要求されます。

これは、実質的にナチ・ドイツがオーストリアを支配す

**そのころ、日本では？**

1936（昭和《しょうわ》11）年2月26日に、陸軍《りくぐん》の青年将校《せいねんしょうこう》たちが蜂起した二・二六事件が発生しました。青年将校に率いられた1483名の下士官と兵は、政府要人をつぎつぎと襲い、首相官邸や警視庁、内務大臣官邸などを一時占拠《せんきょ》したものの、3日後の同月29日に鎮圧されました。

るという意味でした。

シュシュニクは帰国後、ヒトラーの要求どおりに政府を改変しましたが、同時に「オーストリアが独立を守るべきか、それともドイツと合併するべきか」についての国民投票を行おうとします。国民投票で「オーストリア独立維持」の結果が出た場合、これを理由にしてヒトラーの要求を拒絶《きょぜつ》しようとしたのです。

すると、ヒトラーはムッソリーニの了承《りょうしょう》を得たうえで、オーストリアへの軍事侵攻の準備をはじめました。これ以上ヒトラーへの抵抗を続ければ軍事衝突が避けられないと考え、シュシュニクは1938年3月11日に首相辞任を表明します。

翌日、ドイツ国防軍はオーストリアに進軍しました。ドイツはオーストリア軍、および国民からの抵抗を予測《よそく》していましたが、オーストリア軍の反撃はいっさいありませんでした。むしろ、オーストリア国民の多くがドイツ国防軍の侵攻を歓迎《かんげい》しました。

オーストリア・ハンガリー二重帝国の崩壊後に「ドイツ系オーストリア共和国」を国名としたように、オーストリア国民のなかにはドイツへの帰属を望む意見も残っていたのです。

オーストリアに入ったヒトラーは、3月13日に北部にあるリンツでオーストリアのドイツ帝国との再統一法を発布します。そして15日にはウィーンの英雄《えいゆう》広場に集まった数十万人の観衆に向かって、ヒトラーは新王宮のバルコニーからドイツとオーストリアの合邦（アンシュルス）を宣言しました。

これにより、オーストリアという国家はいったん消滅し、以後、ドイツの一部となります。ちなみに、オーストリア・ハンガリー二重帝国崩壊後のオーストリアの国名は「ドイツ系オーストリア共和国」、「オーストリア共和国」、「オーストリア連邦国」と変わっていきましたが、これらはのちにオーストリア第一共和国と総称されるようになりました。

ドイツとオーストリアの合邦は、実際はドイツによる一方的なオーストリアの併合でした。

ドイツはこの合邦を正当化するため、１９３８年4月10日にドイツと元オーストリア領で、合邦の賛否《さんぴ》を問う国民投票を行います。その結果、元オーストリアでは99・75パーセントもの賛成票が投じられました。

この結果を受けて、国際連盟も合邦を認めます。ただし、国民投票ではナチ・ドイツで迫害《はくがい》されていたユダヤ人などには選挙資格はありませんでした。それでも、合邦がオーストリア国民から圧倒的な支持を得ていたことは確《たし》かです。

## 揺るがぬナチ支持

合邦が確定すると、オーストリアのドイツ化が急速に進みます。オーストリアという地域名はオストマルクに変更され、上オーストリア州や下オーストリア州といった地名も、それぞれ上ドナウ大管区《だいかんく》、下ドナウ大管区へと変更されました。また、官僚の大多数もドイツ出身者に替えられました。

同時に、反ナチ的だと判断された旧政府メンバーや官僚、知識人、政財界の有力者、社会民主党員、護国団の指導者などが逮捕されました。その数は2万人にもおよんだとされています。前首相のシュシュニクも国外退去を拒否したために逮捕され、強制収《きょうせいしゅう》容所《ようじょ》に送られました。

それでも、オーストリア国内でナチは支持を集め、合邦後のオーストリアではナチへの入党希望者が殺到《さっとう》した結果、1942年には国民の10パーセントにあたる68万8478人がナチとなります。ドイツにおけるナチ党員は国民の7パーセントだったため、オーストリアのほうが人口に占める党員の割合は大きかったのです。

ナチを支持したオーストリア国民は、ドイツのナチの影響を受けて、ユダヤ人迫害にも荷担《かたん》しました。そのため、オーストリアにいたユダヤ人の多くが、合邦のあと、財産《ざいさん》をすべて奪われ、国外に追放されます。ウィーンだけでも、合邦の時点で約16万7000人のユダヤ人が暮《く》らしていましたが、そのうち12万人以上がオーストリアから追い出されました。

1939年9月1日、ドイツ軍のポーランド侵攻によって第二次世界大戦がはじまった時点で、まだオーストリアに残っていたユダヤ人は、強制収容所や絶滅収容所《ぜつめつしゅうようじょ》に送られて、そのほとんどが命を落とします。

また、ナチはユダヤ人と同じように少数民族のシンティ・ロマ（ジプシー）も迫害しており、オーストリアでも約1万1000人のシンティ・ロマが収容所に送られて、その8割近くが命を落としました。

## ヒトラーの被害者！

第二次世界大戦でオーストリアは完全にドイツと一体化して戦いましたが、１９４２年に入ると、ドイツをはじめとする枢軸国《すうじくこく》側の敗色《はいしょく》が濃厚となっていきました。敗戦国として裁《さば》かれれば、ナチに協力してユダヤ人を迫害した罪などでオーストリアは国際社会からきびしく追及《ついきゅう》されたはずでした。

ところが、１９４３年10月19日からモスクワで開催されたアメリカ、イギリス、ソ連の三カ国外相会談の出したモスクワ宣言（11月１日公布）において、オーストリアは「ヒトラーの侵略政策の犠牲となった国」とされます。これは、オーストリアにとって幸運なことでした。

１９４５年３月19日、ソ連軍は東部からオーストリアに

### そのころ、日本では？

太平洋戦争《たいへいようせんそう》中の1942（昭和17）年6月5日から7日にかけて、日本海軍はハワイ諸島北西にあるミッドウェー沖での戦いで、アメリカ海軍に敗北します（ミッドウェー海戦）。日本政府や新聞は国民の士気を下げないために、転戦《てんせん》（別の場所に戦場を移すこと）という表現を使いました。

侵攻しましたが、その際モスクワ宣言の内容を受けてこの戦いをオーストリアのドイツからの解放と位置づけ、オーストリアの領土を奪う意思がないことを強調しました。その後、西部からアメリカ、イギリス軍も侵攻したため、オーストリアはドイツの支配から解放されます。

解放されたオーストリアは、アメリカ・イギリス・フランス・ソ連によって共同管理下に置かれますが、統一政府をもつことを認められました。

そして、社会党（旧社会民主党）、国民党（旧キリスト教社会党）が活動を再開し、これに非合法とされていた共産党も加わって、1945年4月27日に臨時中央政府がつくられました。

この臨時中央政府では、オース

トリア・ハンガリー二重帝国が崩壊した際に臨時政府で首班を務めた社会党のカール・レンナーが首相に指名されます。

レンナーは同日、ヒトラーによる合邦が無効であることと、1920年憲法の理念に従った共和国の再建を宣言しました。

こうしてふたたび共和国となった第二次世界大戦後のオーストリアは、戦前の共和国と区別するため、オーストリア第二共和国と呼ばれています。

## このころの南チロル

第一次世界大戦後の1919年に結ばれたサン・ジェルマン条約で、南チロルがイタリアに属《ぞく》することになりました。その後、南チロルでは、地名や人名がイタリア語にされたり、学校でのドイツ語による教育が禁止されたりするなど、イタリア化が進められていきます。

1930年代前半、オーストリア政府はナチと対立し、イタリアのムッソリーニ政権と関係を深めていきました。そのため、南チロルの人びとは、オーストリア政府に失望

## 南チロル（1946年）

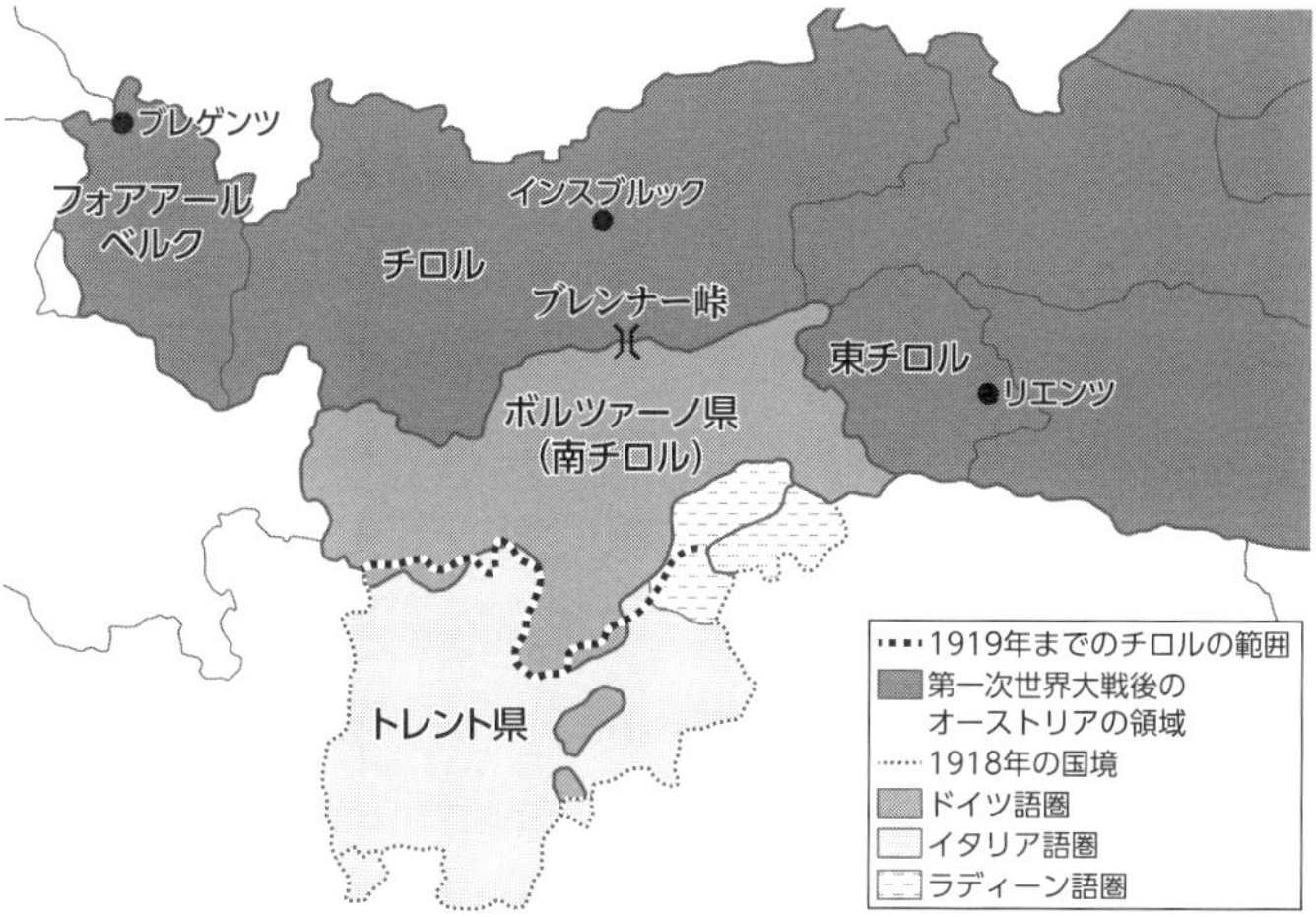


し、ナチの力でイタリアの支配から逃《のが》れることを望むようになります。

しかし、ヒトラーは南チロルに関心をもっておらず、１９３７年に南チロルがイタリア領であることを認めてしまいました。

第二次世界大戦中の１９４３年にイタリアでムッソリーニ政権が倒されると、ようやく南チロルはドイツの一部となります。

しかし、１９４５年にドイツが敗北したことで、南チロルがどの国に属するかという問題は、あいまいになってしまいました。

ひみつコラム

# オーストリアの画家

## ウィーン内外で生まれた名画

ハプスブルク家はルネサンス期の建築や宗教芸術を積極的に取り入れ、19世紀に入ると、美術の大衆化が進んで多くの画家が登場しました。

ザルツブルク生まれのハンス・マカルトは、「画家の王」と呼ばれ、ウィーン美術アカデミーの教授を務めました。神話や歴史を題材にした絵画を多く描き、幅《はば》9メートルもある大作『カール5世のアントワープ入城』が有名です。

19世紀末に活躍したグスタフ・クリムトは、青年期に弟とともに多くの建物の装飾画を手がけたのち、「ウィーン分離派《ぶんりは》」と呼ばれた斬新《ざんしん》な芸術家グループの中心人物となります。ギリシャ神話を題材に女神の裸体《らたい》を大胆に描いた『ダナエ』、抱き合う男女を描いた『接吻《せっぷん》』などの名画を残しました。作品には金箔《きんぱく》をちりばめたり、浮世絵《うきよえ》の影響を受けて日本的な要素を取り入れたり、独特な技法を用いた作品が多くあります。

　エゴン・シーレは、20世紀はじめに流行したドイツ表現主義の影響を受け、人体を極端にデフォルメしたり、明暗《めいあん》を強調したりした画風が特徴です。妻のエディットをモデルにした『座る画家の妻の肖像』、白と黒の対比が印象的な『自画像』などが有名でしたが、1918年に28歳の若さで世を去りました。
　オーストリア西部のペヒラルン出身のオスカー・ココシュカは、ウィーンの工芸学校で学んだのち、ベルリンやロンドンなどで活動します。鮮《あざ》やかな色彩と幻想的な画風が特徴で、夜の山村を描いた『ドロマイトの風景』、聖書を題材としつつ中世の宗教画とは大きく異なるタッチの『キリストの磔刑《たくけい》』などの作品を残しています。

## 知れば知るほどおもしろいオーストリアの偉人⑤

精神医学の幅を広げた巨頭

# アルフレート・アドラー

Alfred Adler

1870 ～ 1937

### 教育界に心理学を導入

「アドラー心理学」で有名なアルフレート・アドラーは、ウィーンの郊外のルドルフスハイムで、ハンガリー系ユダヤ人の家に生まれます。ウィーン大学の医学部を卒業後、1902年に精神分析医のフロイトを中心とする研究グループに参加しました。このグループは、ウィーン精神分析学会に発展します。

アドラーは具体的な人間関係や社会との関わりのなかでの成長過程に着目し、1911年にはフロイトのもとを離れて独自の学派をつくります。第一次世界大戦中は軍医を務め、戦後は児童相談所を設立して、心理学を学校教育に応用しました。1926年に初めて渡米《とべい》し、各地で講義や講演を行って好評を博《はく》します。1934年にオーストリアで反民主的なドルフース政権が成立すると、翌年アメリカに亡命し、1937年5月、講演のため訪れていたスコットランドで死去しました。

chapter 6

# 戦後のオーストリア

## アメリカの援助、ソ連からの圧力

第二次世界大戦の末期から、アメリカを中心とした西側諸国と、ソ連を中心とした東側諸国が世界を二分して対立する冷戦《れいせん》がはじまっていました。

オーストリアがドイツから解放されたあと、1945年4月末から、オーストリア臨時中央政府が本格的に動き出します。

しかし、当初、アメリカをはじめとする西側連合諸国は、社会党のレンナーが首班を務めるこの臨時政府がソ連の後押しを受けて成立したため、レンナー政府をなかなか承認しませんでした。西側連合諸国は、高齢《こうれい》のレンナーがソ連の言いなりなのではないかと疑《うたが》ったのです。

臨時政府は発足から約半年後の10月20日に、西側連合諸国からようやく承認されます。その1カ月後の11月25日に第一回国民議会選挙が行われ、保守派の国民党が得票率49・8パーセントで第一党となり、左派の社会党は44・6パーセントという結果になりました。ちなみに、共産党は得票率5・4パーセントにとどまり、政権内での影響力が低下します。

選挙の結果、1945年12月18日に国民党のレオポルト・フィーグルを首相とする新政権が誕生すると、西側連合諸国はオーストリアがソ連の言いなりになることはないと安心し、オーストリア政府との関係を深めていきました。

1947年、このフィーグル政権から共産党が離脱して以降、オーストリアでは国民党と社会党の二大政党による連立政権がしばらく続くことになります。

オーストリアに接近したアメリカは、1948年にオーストリアに対してマーシャル・プランの適用《てきよう》を決定しました。これは、アメリカのトルーマン大統領のもとで国務《こくむ》長官《ちょうかん》を務めていたジョージ・マーシャルが発表したヨーロッパ経済復興援助計画《けいざいふっこうえんじょけいかく》です。

具体的には、第二次世界大戦からヨーロッパを復興させるため、アメリカがヨーロッパ諸国に大規模な援助を提供《ていきょう》するというものでした。

マーシャル・プランの背景には、ヨーロッパの経済を安定させるとともに、アメリカの影響力を強めることで、ヨーロッパにおける共産主義勢力の拡大を防ぐというねらいがあったのです。

ソ連はオーストリアへのマーシャル・プランの適用に反対しましたが、アメリカは1948年6月から援助を開始し、1953年12月までに9億6200万ドルもの多額の資金を援助します。これにより、オーストリアの復興は急速に進み、オーストリアとアメリカの距離《きょり》はさらに近づきました。

この動きに対し、ソ連は、世界大戦中にドイツの資本で開発されたオーストリア国内の石油精製施設の接収《せっしゅう》を要求するなど、オーストリア政府にさまざまな圧力をかけるようになっていきます。

## では、南チロルは？

第二次世界大戦中にイタリア領からドイツ領となった南チロルでは、戦後、南チロルの自立を要求する南チロル国民党が結成されました。その後、南チロルではオーストリアへの復帰を要望《ようぼう》する大規模な署名《しょめい》活動が行われ、同地域の成人の人口とほぼ同じ、15万人を超える署名が集まります。

オーストリア政府は、署名の結果を受けて、南チロルをオーストリアに復帰させることを1946年にパリ講和会議で提案しました。しかし、イタリアの強い反発もあって、この提案は連合国側に拒絶されてしまいます。

結局、南チロルについての問題は、オーストリアとイタリアの間で話し合われることとなりました。オーストリアは南チロルのイタリア帰属を認めるものの、その条件としてイタリアに南チロルにいるドイツ系住民の自治権を保障することなどを求めます。イタリアがこれを受け入れたため、いったん南チロルについての問題は解決したかに思われました。

ところが、イタリア政府はオーストリアとの約束をほとんど守らなかったため、南チロルをどうするか、ふたたび問題になります。

## 独立のきっかけはスターリン

第二次世界大戦後、オーストリアは統一政府をもつことを許されたものの、国土がアメリカ・イギリス・フランス・ソ連によって分割統治された状態が長く続きます。オーストリア政府や国民は、完全な独立を取り戻したいと考えますが、独立はなかなか実現しませんでした。

その最大の原因は、冷戦構造によるアメリカとソ連の対立です。１９４９年に、オーストリアと同じように分割統治されていたドイツが、西側陣営のドイツ連邦共和国（西ドイツ、５月建国）と東側陣営のドイツ民主共和国（東ドイツ、10月建国）に分裂《ぶんれつ》すると、オーストリア国民の多くは、自分たちの国もアメリカとソ連によって分断されるのではないかと危機感を覚えます。

さらに、１９５０年代初頭に西ドイツのアデナウアー首相が西側陣営の軍事同盟であるＮＡＴＯ（北大西洋条約機構）へ加盟するために動き出したことで、ドイツの隣国であり、東西ヨーロッパの間にあるオーストリアは、アメリカとソ連にとってさらに重要な国になっていました。その結果、両国ともオーストリアへの影響力を保つために分割統治から手を引きませんでした。

ところが、西ドイツのＮＡＴＯ加盟への動きが本格化していったことで、事態は意外な方向に動きます。ソ連の指導者だったスターリンが西ドイツのＮＡＴＯ加盟に強い危機感を抱き、１９５２年３月10日に突然、「スターリン・ノート」と呼ばれる提案を発表したのです。

この提案は、東西に分裂したドイツを中立国として再統一することで、西ドイツのNATO加盟を防ごうとするものでした。そして、ソ連はその先行モデルとしてオーストリアを中立国化しようと考えたのです。これがオーストリア独立のきっかけとなります。

ただし、スターリンの生前は中立国としてオーストリアが独立することはありませんでした。1953年3月5日にスターリンが死ぬと、後継者となったフルシチョフは、オーストリアが西側陣営に組み込まれる前に中立国として東西の緩衝《かんしょう》地域とするために動きだしました。

## 10年かけて永世中立国へ

1955年4月11日から15日にかけて、モスクワでアメリカ・イギリス・フランス・ソ連による会談が開かれました。この会談にはオーストリア政府代表団も招かれ、オーストリアの独立についての話し合いも行われます。その結果、4カ国によるオーストリアの占領を終了し、独立を認める方針が決まりました。

ただし、独立にはオーストリアが永世中立国となることが絶対的な条件となります。永世中立国とは、みずから戦争をはじめないだけでなく、ほかの国家間のどのような戦争にも参加せず、つねに中立を守ることを国際条約によって義務《ぎむ》づけられた国です。

5月15日、オーストリア政府と4カ国との間で占領状態の終結、つまり主権の回復を定めた国家条約が結ばれました。これにより、オーストリア国民が待ち望んでいた独立がついに実現します。

この国家条約では、オーストリアの独立を4カ国が保障し、オーストリア国内から4カ国の占領軍が撤退するかわりに、オーストリアはドイツとの合邦の禁止や、核兵器《かくへいき》・生物兵器・化学兵器の所有、製造、実験の禁止を守ることなどが定められました。

また、同条約においてオーストリアはソ連に対して「賠償金（弁済金《べんさいきん》）」として6年

間かけて1億5000万ドルを支払うことになります。第二次世界大戦中にオーストリアを「ヒトラーの侵略政策の犠牲となった国」としたモスクワ宣言と矛盾《むじゅん》するようですが、ソ連は第二次世界大戦でドイツと一体化したオーストリアによって多大な損害を受けていたため、オーストリアが東側陣営に属さない以上、金銭による賠償はソ連にとって譲れないものだったのです。

ちなみに、国家条約のなかにはオーストリアの中立に関する条文はありません。中立化することが前提で結ばれた条約だったため、条文にする必要がなかったのです。

オーストリア議会が中立に関する憲法草案《そうあん》を作成し、最後の占領軍が1955年10月25日にオーストリア国内から撤退すると、26日のオーストリア国民議会でオーストリアの永世中立に関する連邦憲法法案が可決されました。同時に、オーストリアは国連への加盟も表明します。

12月6日にアメリカ・イギリス・フランス・ソ連は、オーストリアが永世中立国になることを承認しました。さらに、同年12月14日には国連への加盟も承認されます。

こうして、オーストリアは終戦から10年という年月を経《へ》て、ようやく独立と国際社会

中立のオーストリア（1955年）

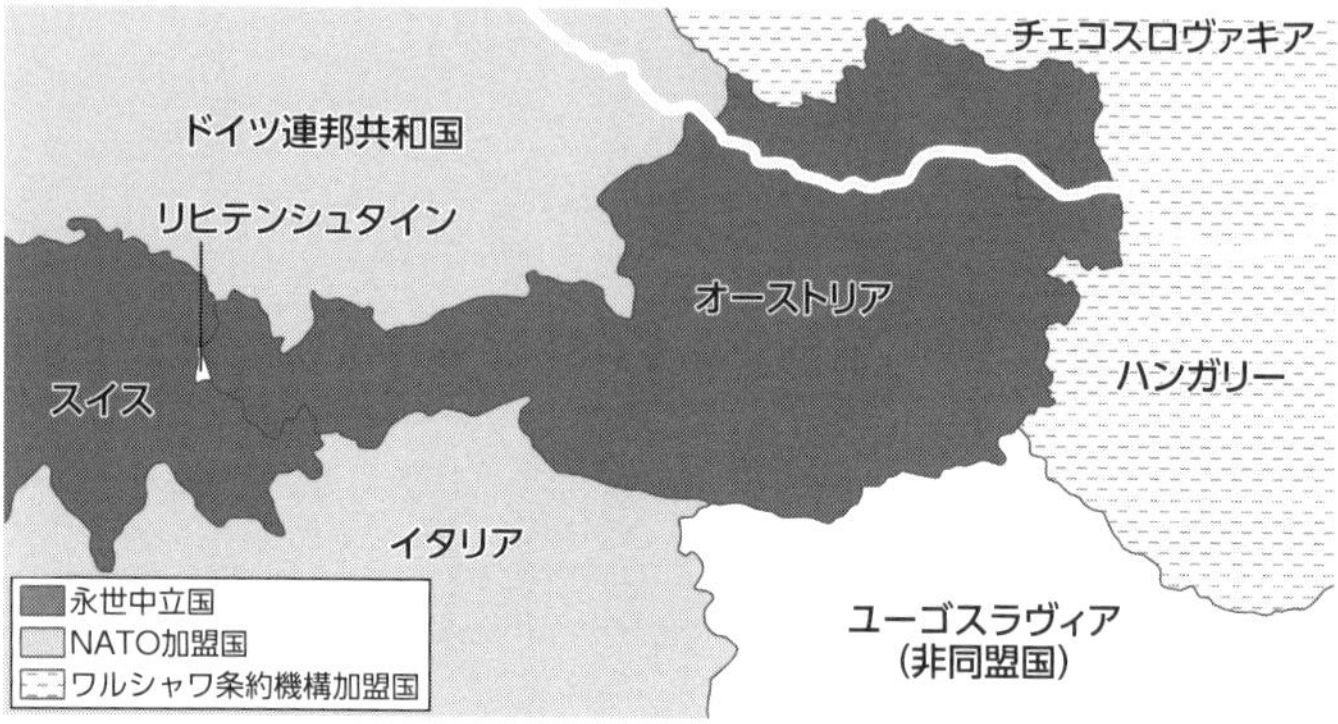


への復帰を果たしました。

## 南チロル問題、解決？

オーストリア政府は、イタリアが南チロルにおけるドイツ系住民の自治権の保障を守らないことに対してなんども抗議をしましたが、イタリアは「内政干渉《ないせいかんしょう》」という理由で、その抗議をすべて拒絶しました。

1960年に、オーストリアの外相だったブルーノ・クライスキーが、この問題を国連に訴えると、国連はイタリアに改善するよう勧告《かんこく》を出します。しかし、それでもイタリア政府はのらりくらりと逃れて、問題は解決しませんでした。

この状況に南チロルの住民はしだいに不満をた

めていき、同地ではイタリアからの分離独立を求める過激派によるテロが発生するようになります。1961年6月11日から12日にかけての夜、過激派が送電線《そうでんせん》を切断したことで、南チロル全域のみならず、イタリア北部の工業地帯も数日間にわたって停電《ていでん》するという「火の夜」と呼ばれる事件も起きました。

1969年、ようやくイタリア政府は南チロル国民党に対して自治権を認めたものの、それでも対立は続きました。最終的に解決したのは、オーストリア政府が国連で南チロル問題の終結を宣言する1992年のことでした。

## 連立政権の終わり

独立を果たしたあとも、オーストリアでは社会党と国民党の連立政権が継続されました。臨時政府時代から続くこの連立政権では、首相が社会党なら副首相もしくは大統領が国民党から選ばれ、逆の場合はその逆の組み合わせとなります。どの省も、どちらかの党の政治家が大臣を務める場合は、別の党から次官《じかん》を出すというしくみになっていました。これを、プロポルツ（均衡《きんこう》）制度といいます。

この二大政党のバランスをとったしくみは、どちらかの党が暴走するのを防ぐという意味では効果的でしたが、思い切った決断ができず、積極的に政治を進められないというマイナス面もありました。国民は長い間、ひとつの党による単独政権を望まず、連立政権は１９６６年まで続きます。

しかし、１９６６年3月の選挙において、社会党が内部分裂したことなどが原因で、国民党が選挙で圧勝しました。これにより、国民党の単独政権が誕生すると、首相には国民党のヨーゼフ・クラウスが選ばれます。

戦後初の単独政権となったクラウス政権でしたが、21年間も連立政権が続いていたこともあり、国民党独自の政策を進めることができず、社会にとくに変化は生まれませんでした。

一方、野党となった社会党は、１９６７年の党大会で党首に選出されたクライスキーが、福祉などを重視した北欧《ほくおう》風の穏健《おんけん》な社会主義を打ち出すようになります。このクライスキーの考え方は、それまでの社会党を支持していた都市部の労働者だけでなく、中流階級や地方の人びとにも支持されるようになり、社会党の人気は全国的に高まっていきました。

その結果、1970年3月の総選挙で、社会党は国民党を上回る票を獲得し、第一党となります。ただ、この時点では絶対多数には届かなかったため、弱小政党だった自由党の協力を得る形で内閣を発足させました。

そして、1971年10月の総選挙で社会党は93議席を獲得し、国民党の80議席、自由党の10議席を抑えて絶対多数となったことで、社会党の単独政権が誕生しました。クライスキーが首相に選ばれ、この政権によってオーストリアは大きく発展していくことになります。

## 「至福の島」になる

クライスキーはまず国民生活の改善を行います。労働時間を週40時間に短縮し、週5日労働も実現します。さらに、

### そのころ、日本では？

1970（昭和《しょうわ》45）年3月31日に、日本初のハイジャック事件である「よど号ハイジャック事件」が起こりました。日本航空351便を乗っ取った左翼《さよく》グループの共産主義者同盟赤軍派は、乗客・乗員を人質にとって北朝鮮に亡命しました。いまも犯人の一部は北朝鮮で暮らしています。

雇用者側には労働者に対して最低4週間のバカンス休暇《きゅうか》と、そのためのボーナスの支払いが義務づけられました。また、労働者が解雇《かいこ》される際は、解雇金が受けとれるようにもなります。

クライスキーは子ども・若者に対する政策にも力を入れ、教科書や通学費、大学までの授業料の無償化《むしょうか》も実現しました。それまでオーストリアでは認められていなかった妊娠《にんしん》3カ月までの中絶《ちゅうぜつ》や成人の同性愛なども合法化されます。これらの諸改革により、オーストリア国民の生活水準、および福祉の水準は、ヨーロッパ諸国のなかでも最上位に入るようになりました。

一方で、クライスキー政権は原子力発電所の建設を進めようとしましたが、この政策は国民の反対を受けます。クライスキーは国民投票を行うことで、なんとか原発建設を進めようとしましたが、投票の結果、反対50・5パーセントという僅差《きんさ》で反対派が勝利しました。

この国民の意思をクライスキーは素直に受け止め、オーストリアでは原子力による発電が禁止されることになります。

クライスキー政権時代の１９８０年には、国連事務局がウィーンに設立されます。これにより、ウィーンはニューヨーク、ジュネーブに次ぐ、３番目の国連都市（国連事務局が設立されている都市）となりました。

20世紀初頭にオーストリア・ハンガリー二重帝国が崩壊した直後、「単独では生存不可能な国家」と呼ばれるほどの状態だったオーストリアでしたが、クライスキー政権下で繁栄《はんえい》したオーストリアのことを、ローマ教皇パウロ６世は「至福《しふく》の島」と呼びました。

## オーストリア人としての誇り

内政面、外政面の両方で成功を収めたことで、社

会党は国民から圧倒的《あっとうてき》な支持を得て、クライスキー政権は1983年まで13年間続きます。そして、このクライスキー政権時代に、オーストリアの人びとははじめて国民としての意識を明確にもつようになったともいわれています。

それまで、オーストリア・ハンガリー二重帝国は広大な領土をもつ多民族国家だったため、オーストリアの国民であるという意識は希薄《きはく》でした。また、オーストリア共和国になってからも、国民の多くがドイツへの帰属を望んだように、オーストリア人としての意識はそれほど育っていませんでした。しかし、クライスキー政権下で生活水準と国際的な地位が上がったことで、オーストリアの人びとは自国に誇《ほこ》りをもち、国民としての意識を抱くようになったのです。

こうして戦後のオーストリアにおいて多大な影響を残したクライスキーでしたが、1983年の総選挙前に預金《よきん》の利子《りし》に対して税金をかけるという政策を導入したことに国民が反発し、選挙で社会党は絶対多数を失います。クライスキーは首相を辞任し、後継首相となった社会党のフレート・ジノヴァッツは自由党と連立することで辛《かろ》うじて政権を維持しました。

この社会党と自由党の連立政権は3年で終わりましたが、以後、オーストリアでは絶対多数を獲得できる政党がほとんど現れず、ふたたび連立政権が基本となっていきます。

## 国内外を揺るがしたヴァルトハイム問題

オーストリアには、首相とは別に大統領もいます。法律上、オーストリアの大統領は国家元首（国の代表者）ということになっているものの、政治の実務を担っているのは首相でした。

1986年、大統領を選ぶ国民による直接選挙で国内外を揺るがす大きな問題が発生します。国民党から元国連事務総長のクルト・ヴァルトハイムが大統領選に出馬しましたが、選挙中に彼が過去にナチと深い関係にあったことがマスコミの報道などにより明らかになったのです。

さらに報道では、ヴァルトハイムが第二次世界大戦中、ユーゴスラヴィアで戦争犯罪に関わったドイツ国防軍部隊の連絡将校を務めていたことも指摘《してき》されました。また、ヴァルトハイムがアウシュヴィッツの絶滅収容所へのギリシアからのユダヤ人移送の事実を知っていた可能性を示す資料も公開されます。

これらの暴露《ばくろ》によって、国際世論はヴァルトハイムへの批判を強め、オーストリア国内でもヴァルトハイムが大統領選で敗北するという予想が優勢となりました。ところが、ヴァルトハイムは大統領選で圧勝します。

オーストリアがドイツと合邦（アンシュルス）していた1930年代から1940年代にかけて、オーストリア国民の多くが積極的にナチに協力し、ユダヤ人迫害に荷担したことは歴史的事実です。

しかし、モスクワ宣言で「ヒトラーの被害者」とされたことで、戦後のオーストリアでは、ナチに協力したことへの追及と、その罪の償《つぐな》いは曖昧《あいまい》なままで終わっていました。その痛いところを国際社会に突《つ》かれたことに多くのオーストリア国民が感情的に反発し、ヴァルトハイムを大統領に選んだのです。

ただし、ヴァルトハイムは大統領に就任したものの、国際社会からはまったく認められませんでした。従来は新しく大統領が誕生すると、それを祝福するために各国から招待状が届くのが通例でしたが、ヴァルトハイムには一通の招待状も届きませんでした。

さらに、ヴァルトハイムが私的にアメリカを訪問《ほうもん》しようとしたところ、アメリカ外務省はナチとの関係を理由に彼の入国を拒絶します。

それでもヴァルトハイムは、大統領として6年間の任期を最後まで務めました。このヴァルトハイム問題は、ナチと密接《みっせつ》だった時代をもつオーストリアの歴史の暗い側面を改めて表面化させましたが、そのことをどう清算《せいさん》するかについては、オーストリア国民の間にも意見の一致《いっち》はなく、いまも議論が続いています。

## ハンガリーとの国境開放

1980年代中ごろから、国際情勢に大きな変化が生じました。冷戦において長年アメリカと対立していたソ連の経済状況が悪化します。

1985年にソ連の指導者となったミハイル・ゴルバチョフは、ペレストロイカ（改革）路線を進めることでソ連の経済を立て直そうとしますが、うまくいかず、ソ連はさらに弱体化しました。その影響で、東側陣営に属していた東欧諸国でも社会主義体制が不安定になり、民主化や市場経済の導入などが行われるようになります（東欧革命）。

また、それまで自由に行《い》き来《き》できなかった西側陣営の国と東側陣営の国の国境も開放されていきました。

永世中立国であるオーストリアには、東側陣営に属するハンガリーとの国境に鉄条網《てつじょうもう》が設置されていました。

1989年6月27日にオーストリア外相のアロイス・モックと、ハンガリー外相のホルン・ジュラは両国の国境を開放することで合意し、ふたりはマスコミを集めて鉄条網を切断します。

その後の数週間で、何万人もの東ドイツ市民がハンガリー経由でオーストリアに、さらに西ドイツへと脱出しました。

これがきっかけとなり、冷戦の象徴だった「べ

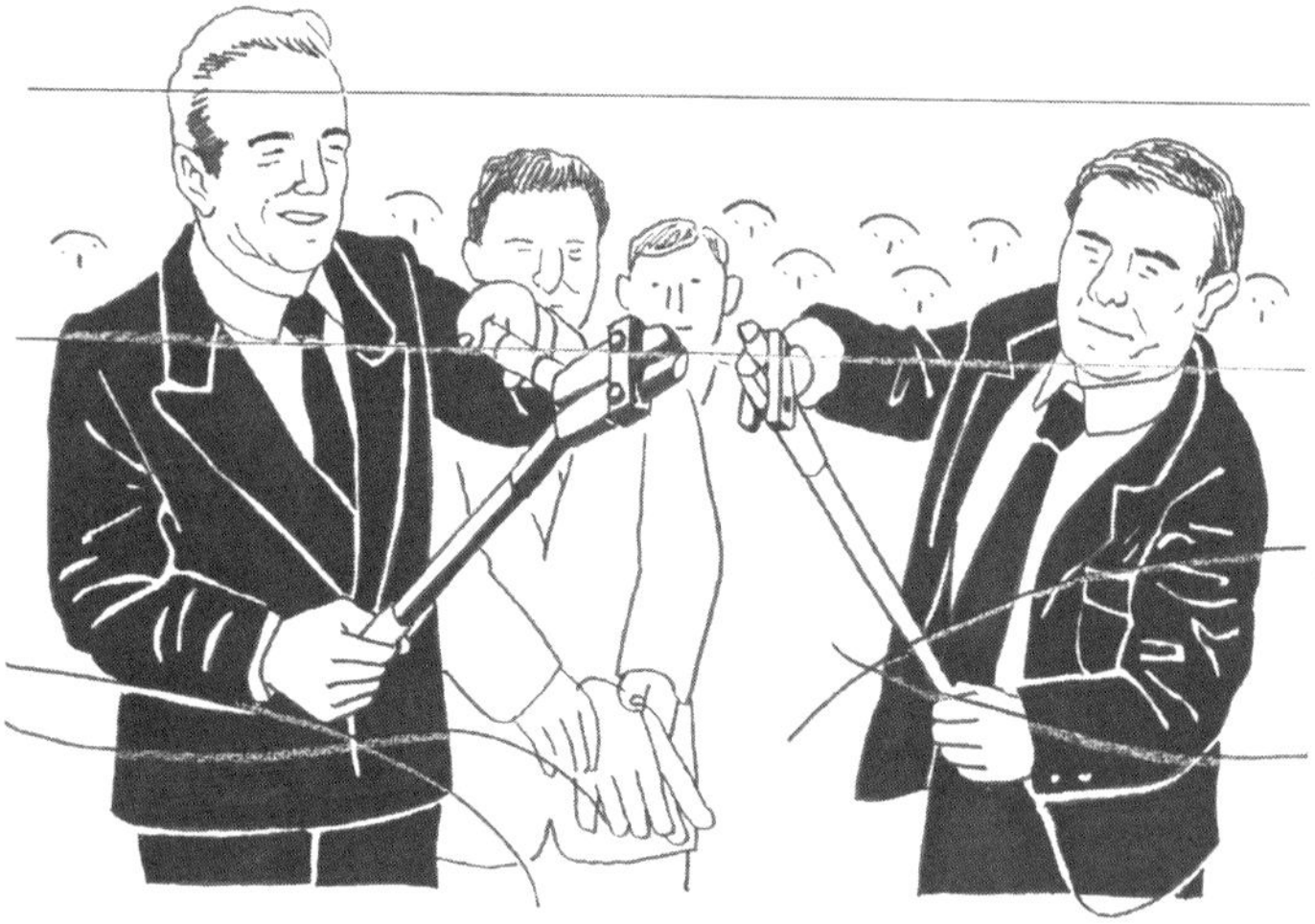

ルリンの壁」が同年11月9日に崩壊します。

## EUに加盟

1989年12月に、アメリカのジョージ・H・W・ブッシュ大統領と、ソ連のゴルバチョフ書記長が地中海のマルタ島で会談し、冷戦の終結を宣言しました。そして、1991年にソ連が崩壊したことで、冷戦が終わります。

これにより、1955年の独立以来、永世中立国として東西両陣営の緩衝地帯だったオーストリアも変化を求められました。問題となったのは、EU（欧州連合）に加盟すべきかどうかでした。EUは経済同盟ですが、その加盟国の多くは同時に西側陣営の軍事同盟であるNATOにも加盟しています。そのため、EUに加盟すると、オーストリアは中立的立場ではなくなる可能性があったのです。

戦後のオーストリアにとって永世中立国であることは重要なアイデンティティでした。そのため、国民の大半は中立的な立場であることを支持していましたが、EUによってヨーロッパが統合されようとする流れに乗り遅《おく》れる不安もあり、国内では大きな議論が起こります。

最終的に、1994年6月12日、EUに加盟するかどうかを決める国民投票が行われ、賛成66・6パーセントという大差で加盟派が勝利しました。オーストリア国民は、EUに加盟することで経済的な利益を得ることを選んだのです。

もっとも、EU加盟に反対する意見がなくなったわけではありません。右派である自由党党首のヨルク・ハイダーは、オーストリアのアイデンティティが失われる危険性や、移民や難民《なんみん》の増加を恐れて、EU加盟に強く反対していました。

## ハイダー現象って?

EU加盟を圧倒的に支持していたオーストリア国民でしたが、しだいに移民や難民が増加するにつれて、自由党党首であるハイダーの主張に賛同《さんどう》する人も増えていきます。

当時のオーストリアでは、1989年に国境が開放されたあと、1991年から10年間続いたユーゴスラヴィア内戦などもあり、移民や難民などが急増していました。それらの人びとに仕事を奪われることや、治安の悪化を不安視する国民の間で、自由党とハイダーの支持が高まっていったのです。

その結果、1999年の総選挙で自由党は52議席を獲得し、第二党の地位を得ました。この選挙で第一党となったのは、1991年に社会党から改名した社会民主党でしたが、自由党と国民党を合わせた議席のほうが多かったため、ふたつの党による連立政権が成立します。

ハイダーがヒトラーを称賛《しょうさん》するような発言をくり返し、過激な外国人排除を掲げていたため、自由党の政権参加は国際世論から強い非難を浴びました。EU諸国は、連立政権に対して交流制限などの制裁措置《せいさいそち》を発動します。

そのため、2000年にハイダーはいったん党首を辞任しますが、自由党と国民党の連立政権は存続し、2002年にはハイダーは党首に復帰します。オーストリア国民の一定数から、ハイダーおよび自由党は支持されつづけていたのです。これら一連の動きは、「ハイダー現象」とも呼ばれました。

知れば知るほどおもしろいオーストリアの偉人⑥

元軍人の映画スター

## アーノルド・シュワルツェネッガー

Arnold Alois Schwarzenegger

1947～

### ハリウッドから政界にも進出

アメリカのアクションスターとして知られるシュワルツェネッガーは、オーストリア東南部の都市グラーツ近郊《きんこう》の出身です。警察官の息子として生まれ、幼児期は病弱でしたが、15歳でボディビルをはじめました。青年期はオーストリア軍の戦車兵を務め、いくつものボディビルの国際大会でチャンピオンとなっています。

1968年にアメリカに移住してウィスコンシン大学で学んだのち、ボディビルについての著作を刊行しました。1976年に映画『ステイ・ハングリー』に出演して本格的に俳優に転じ、『コナン・ザ・グレート』、『ターミネーター』、『プレデター』などの作品に出演し、鍛《きた》え上げられた肉体と重厚《じゅうこう》な演技で人気を集めました。

1983年に正式にアメリカ国籍《こくせき》を獲得し、アメリカ共和党の政治家と交流を深め、2003年にはカリフォルニア州知事に当選して、2011年まで2期務めています。

chapter 7

# オーストリアのこれから

## 社会保障費を大幅カット

中道右派の国民党と右派の自由党の連立政権が、2000年に成立しました。首相を務めたのは、国民党党首のヴォルフガング・シュッセルです。自由党からも何人もの大臣が選ばれましたが、すぐに金銭スキャンダルや女性スキャンダルを起こして、つぎつぎと辞任に追い込まれました。

シュッセル政権は、国営企業の民営化などを進める一方、社会保障費を大幅に削減しました。

具体的には、障碍者《しょうがいしゃ》（心身に障害を抱えていて、日常生活に支障《ししょう》が出る可能性のある人）に対して払われていた早期年金の廃止、年金支給開始年齢の引き上げ、慈善事業《じぜんじぎょう》組織への財政支援の縮小などが実行されます。その結果、医療や住居、電気などの各種料金が値上がりしたのに対し、賃金や年金の額が下がりました。

またシュッセルは、それまでオーストリアでは無償だった大学の授業料の有料化にも踏《ふ》み切りました。この政策は学生たちの強い反対を受け、2009年に撤廃《てっぱい》されます。

これらの政策は、とくに低収入の人が多かった自由党の支持者から反発され、自由党への支持は急落し、党内でも意見の対立が激しくなりました。

これに危機感を覚えた自由党党首のハイダーは、2005年に自由党の国会議員18名のうち16名とともに離党《りとう》すると、新たにオーストリア未来同盟という新党を結成します。

そして、国民党とオーストリア未来同盟の連立政権が成立し、ハイダーに賛同しなかった自由党の議員は野党に転じました。

しかし、国民の生活が苦しくなっていくなかで、オーストリア未来同盟は支持を伸《の》ばせず、国民党の支持率も下落《げらく》したため、社会民主党の支持率が上がっていきます。

## ふたたび連立、ハイダー事故死

社会民主党は、2006年の選挙で第

一党となったものの過半数には届かず、国民党と社会民主党の連立しか国会で過半数をとれない状況となりました。これにより、ふたたび国民党と社会民主党の連立政権が成立し、オーストリア未来同盟は野党となります。

新たに社会民主党党首のアルフレート・グーゼンバウアーが首相となりますが、彼は失言をくり返し、さらに国民党がグーゼンバウアーの政策に協力しませんでした。そのため、グーゼンバウアー政権への支持率はあっという間に下がっていきます。

グーゼンバウアーは２００８年６月に社会民主党党首を辞任し、わずか１年半で国民党との連立政権も崩壊しました。

これを受けて行われた２００８年9月の総選挙で、社会民主党と国民党はともに得票率を下げましたが、それぞれ第一党と第二党のままでした。その結果、12月に改めて社会民主党と国民党の連立政権が成立し、ヴェルナー・ファイマンがグーゼンバウアーの後を継いで社会民主党党首となります。

ところで、この２００８年の総選挙でオーストリア未来同盟が議席数を３倍に増やし、第四党となりました。そこで党首のハイダーは、社会民主党と国民党との三党連立政権の実現を画策《かくさく》します。

しかし、選挙直後の同年10月11日にハイダーが突然、謎《なぞ》の交通事故で死亡したため、この計画は実現しませんでした。ハイダー個人のカリスマ性に頼《たよ》っていたオーストリア未来同盟はまたたく間に失速し、2013年の総選挙ですべての議席を失います。

## 金融危機VSファイマン政権

アメリカで低所得者層を対象とした住宅ローンであるサブプライム・ローンが2007年に不良債権《さいけん》化したことで、2008年9月にはアメリカの大手投資銀行のリーマン・ブラザーズが破綻《はたん》しました。そして、それが原因で世界中の金融機関が危機的な状況になり、株価の大暴落を引き起こす金融危機が発生します（リーマン・ショック）。

2008年12月に成立したファイマン政権は、この金融危機の影響で困難な問題に直面しました。オーストリアでも、多くの銀行が多額の債務《さいむ》を抱えて破綻しそうになったため、政府はその対応に追われます。

最大の危機に直面したヒポ・アルペ・アドリア銀行のほかにも、ファイマン政権は

「市町村信用銀行」も緊急国有化します。これらの銀行を救済する資金をつくるためにいくつもの社会保障給付制度が廃止され、さらに増税《ぞうぜい》も行われました。

当然、この政策は国民の反発を受け、2013年の総選挙で社会民主党と国民党は議席を減らしました。それでも両党は辛うじて第一党と第二党の地位を守ったため、大連立政権は2017年12月まで継続しました。

この間のファイマン政権ですが、さまざまな困難への対応を迫られます。

2010年には、オーストリア政府は欧州共通の通貨であるユーロの存続を危険にした「ギリシア国債危機」をどう解決するか、という大問題に直面していました。ファイマン首相は、ドイツのメルケル首相と歩調をあわせながら、ギリシア政府に厳しい条件をつけ、約2000億円相当の

### そのころ、日本では？

2008（平成20）年3月13日、スペースシャトルで宇宙に運ばれたきぼう日本実験棟船内保管室が、国際宇宙ステーションとのドッキングに成功しました。この船内保管室は日本初の軌道上研究所で、きぼう全体はこのあと2回の打ち上げと組み立てを経て、翌年完成しました。

金融支援も行いました。

また、シリア難民への対応も、ギリシア危機とならぶ問題でした。2015年から2016年にかけて、欧州への入口となったギリシアとバルカン半島を経由して、ドイツへの中継地であるオーストリアにも大量のシリア難民が押し寄せます。

ピーク時には、オーストリアでの難民申請者数は人口の1パーセントにあたる9万人近くになりました。

ファイマン首相はドイツのメルケル政権に同調して、寛大《かんだい》な難民受け入れ政策をとっていましたが、国民党のセバスチャン・クルツ外務大臣は、思い切った政策転換を行います。

2016年2月、ウィーンで開かれた西バルカン会議で議長を務めたクルツ外相は、マケドニア、セルビア、クロアチア、スロヴェニアなど、シリア難民の欧州への通り道にあたる関係国に対して、ルートの封鎖《ふうさ》を要求し、その協力を得ることに成功しました。

この決断は当時、国民の多くの支持を得ることになりました。こうして政治家としてのクルツの人気は一気に高まり、のちの首相就任へとつながります。

## 緑の党から大統領が誕生

社会民主党は党の人気低迷を、２０１６年４月に行われる大統領選挙に勝利することで挽回《ばんかい》するために、ファイマン政権で社会大臣を務めていたルドルフ・フンツトルファーを大統領選に出馬させました。一方、国民党からは元国民議会議長のアンドレアス・コールが出馬します。

ところが、大統領選で決選投票に残ったのは、この二大政党の候補ではありませんでした。緑の党（１９８６年に結党された環境保護政策に力を入れている政党）の元党首のアレクサンダー・ファン・デア・ベレンと、右派自由党のノルベルト・ホーファーが残ったのです。大統領選で与党の候補者が決選投票に残れなかったのは、オーストリアの歴史上初のことでした。この失態に社会民主党内から批判が高まり、同年５月にファ

イマンは党首と首相を辞任します。

同年5月9日から17日までの約1週間だけ、国民党党首で副首相だったラインホルト・ミッターレーナーが臨時代行を務め、その後、社会民主党の新党首クリスティアン・ケルンが首相となりました。

5月の決戦投票ではファン・デア・ベレンが当選します。しかし、開票方法に不備があったという理由で憲法裁判所は7月にこの結果を無効と判断しました。これを受けて12月に行われた異例の「やり直し」選挙でも、反自由党票を集めたファン・デア・ベレンが再度勝利し、大統領になります。その後、ファン・デア・ベレンは2022年の大統領選でも過半数の票を得て再選を果たしています。

## 1年ごとに変わる首相

2016年の大統領選挙で社会民主党と国民党の候補が最終決戦に残らなかったことからもわかるように、2010年代に入って、オーストリアでは安定した人気をもつ政党がなくなっていました。そのため、1年、2年ごとに首相が交代し、また連立を組む政党の組み合わせも変わるという状況が２０１６年から続きます。

２０１６年5月に首相になったケルンでしたが、翌年10月の選挙で社会民主党が敗北して野党となったため、ケルンは首相を辞任します。

かわりに国民党と自由党の連立政権が誕生し、２０１７年12月に国民党党首のセバスティアン・クルツが、31歳の若さで首相に就任しました。しかし、２０１９年5月、連立パートナーであった自由党党首の政治スキャンダル事件をきっかけに連立は崩壊します。内閣不信任案が可決されたことで、クルツはわずか1年半で首相を辞任しました。

後任となったのは、無所属で憲法裁判所長官をつとめたブリギッテ・ビアラインです。この政権は当初から選挙管理内閣という位置づけでしたが、このときオーストリアに史上初の女性首相が誕生しました。

２０１９年秋の選挙で勝利したクルツは、２０２０年1月にふたたび首相の座に返《かえ》り咲《ざ》きます。今度は緑の党との連立となりましたが、この政権も短命に終わりました。

２０２１年10月に、みずからの政治スキャンダルのため内閣不信任案が提出されたことをうけてクルツは首相を辞任し、さらにオーストリア政界からの引退も表明します。

2021年12月からは、国民党党首のカール・ネーハマーが首相を務めています。

## コロナ禍から立ち直れ

2019年末からはじまった新型コロナウイルス感染症の流行は、オーストリアにもおよびました。オーストリアで最初の新型コロナ患者が確認されたのは、2020年2月25日のことです。その後、流行は国内全土に広がり、3月12日には最初の死亡例が確認されます。

この状況に対し、クルツ政府はロックダウンを数回にわたり実施することで感染拡大を防ごうとしました。その結果、経済は停滞《ていたい》し、とくにオーストリアの主要産業のひとつである観光業は大きなダメージを受けます。しかし2022年に入ると、ワクチンの普及などもあって感染者が減少したため、ネーハマーが首相になった政府はしだいに規制を緩《ゆる》めていきます。

2022年6月には、ウィーンを除いて、病院と介護施設などの場所以外でのマスクの着用義務が撤廃されました。それにともない、ホテルや飲食店、商店、文化施設などもすべて通常営業となり、イベントも平常通り開催されるようになったことで、生活は元に戻っていきます。

また、海外からの入国も完全に開放され、入国の際に、ワクチン接種証明や治癒《ちゆ》証明、コロナ検査《けんさ》の陰性証明などの証明書を提示する必要もなくなりました。これらの制限撤廃によってオーストリア経済は回復しはじめ、観光客がもどってくるようになりました。

そのおかげで、2022年には宿泊業や飲食業での雇用が拡大し、新型コロナ禍《か》前の水準を上回るほどになります。失業率については、2021年は6・2%だったのに対し、2022年は4・6%と大きく改善しました。

ただ、2022年2月24日にロシアがウクライナへと侵攻したウクライナ紛争が長引いている影響もあり、今後の景気は不透明なところもあります。

## 揺るがぬ永世中立国としての立場

ウクライナ紛争において、永世中立国であるオーストリアは中立の立場を表明し、どちらの国にも軍事援助などはしていません。しかし、EUはロシアに対して経済制裁を課しており、ＥＵに加盟しているオーストリアも経済制裁には協力しています。

現在もオーストリア政府は永世中立国でありつづけると公言していますが、１９９５年にＥＵに加盟した時点で、実質的には永世中立国ではなくなったという見方も国内外にあります。ちなみに、ヨーロッパの永世中立宣言国のうちスウェーデンとフィンランドは２０２２年5月にＮＡＴＯ加盟を同時申請しましたが、２０２３年4月4日にフィンランドの正式加盟が認められています。

一方、もうひとつの永世中立国であるスイスは、ＮＡＴＯへの加盟申請は行っていませんが、ウクライナ紛争が発生してから、合同軍事訓練を検討するなど、ＮＡＴＯとの関係を急速に深めています。

ＥＵに加盟していないスイスですら、そのような状況ですので、今後の国際情勢の変化しだいでは、ＥＵ加盟国であるオーストリアが永世中立国の旗を降ろすこともありえるかもしれません。しかしながら、現状ではオーストリアの永世中立は国民の多くから支持されているようです。

# オーストリアの歴史 年表

この年表は本書であつかったオーストリアを中心につくってあります。

下段の「世界と日本のできごと」と合わせて、理解を深めましょう。

| 年代 | オーストリアのできごと | 世界と日本のできごと |
|---|---|---|
| 〈紀元前〉 | | |
| 800～400 | ハルシュタット文化（鉄器文化） | 世界 ローマ建国（BC753） |
| 27 | オクタヴィアヌスが初代ローマ皇帝となる | 世界 新羅の建国（BC57） |
| 〈紀元〉 | | |
| 9 | トイトブルク森の戦い | 世界 イエスが処刑される（30ごろ） |
| 171 | ローマ皇帝マルクス・アウレリウスがヴィンドボナに滞在 | 日本 卑弥呼が邪馬台国の女王に（189ごろ） |
| 395 | 東ローマ帝国の東西分裂 | 世界 ゲルマン人の大移動開始（375） |
| 486 | フランク王国の建国 | 日本 倭王武が宋に国書を送る（478） |
| 507 | クローヴィスが西ゴート族を打倒 | 世界 グプタ朝が分裂（520） |
| 732 | トゥール・ポワティエ間の戦い | 世界 聖像禁止令（726） |

| | | |
|---|---|---|
| 843 | ヴェルダン条約によるフランク王国の分割 | 日本 応天門の変（866） |
| 955 | オットー1世がマジャール人を制圧 | 世界 宋王朝が成立（960） |
| 996・998 | エスターライヒ（オスタリキ）という名前が文書に登場 | 世界 李朝が成立（1009） |
| 1106 | レオポルト3世とハインリヒ5世の姉が結婚 | 世界 クレルモン教会会議（1095） |
| 1156 | レーゲンスブルクの議会でオーストリアが大公領に昇格 | 日本 保元の乱（1156） |
| 1192 | バーベンベルク家がシュタイアーマルク領を獲得 | 世界 チンギス・ハンがモンゴルを統一（1206） |
| 1246 | ライタ川の戦いでバーベンベルグ家が断絶 | 世界 キエフの戦い（1240） |
| 1251 | オタカル2世がオーストリア公になる | 世界 ライン都市同盟結成（1254） |
| 1278 | マルヒフェルトの戦いでハプスブルク家がボヘミア家に勝利 | 日本 文永の役（1274） |
| 1291 | 「原初同盟」結成 | 日本 弘安の役（1281） |
| 1358 | ルドルフ4世が「オーストリア大公」を名乗る | 世界 ジャックリーの乱（1358） |
| 1420 | ウィーンでユダヤ人の大迫害（〜1421） | 日本 正長の土一揆（1428） |
| 1438 | ハプスブルク家が神聖ローマ帝国を世襲するようになる | 日本 足利義政が室町幕府第8代将軍に（1449） |
| 1453 | オーストリアが大公国に昇格 | 日本 応仁の乱（1467〜1477） |
| 1493 | マクシミリアン1世が神聖ローマ皇帝に即位 | 世界 レコンキスタ完了（1492） |

| 年代 | オーストリアのできごと | 世界と日本のできごと |
| --- | --- | --- |
| 1496 | フィリップが両カトリック王国のファナと結婚 | 世界 トルデシリャス条約（1494） |
| 1519 | カール5世が神聖ローマ皇帝になる | 世界 マムルーク朝の滅亡（1517） |
| 1521 | カール5世がフェルディナントにオーストリアを任せる | 世界 スレイマン1世即位（1520） |
| 1526 | モハーチの戦い | 世界 アステカ文明滅亡（1521） |
| 1529 | 第一次ウィーン包囲 | 世界 インカ帝国滅亡（1532） |
| 1564 | マクシミリアン2世が神聖ローマ皇帝になる | 世界 カトー・カンブレジ条約（1559） |
| 1618 | 三十年戦争の勃発 | 日本 大坂夏の陣（1615） |
| 1648 | 三十年戦争の終結 | 日本 寛永の大飢饉（1642〜1643） |
| 1683 | 第二次ウィーン包囲 | 日本 生類憐みの令（1687） |
| 1699 | カルロヴィッツの和約 | 世界 スペイン継承戦争（1700〜1714） |
| 1713 | カール6世が国事勅令（家督相続法）を制定 | 世界 ユトレヒト条約（1713） |
| 1740 | マリア・テレジアが家督相続、オーストリア継承戦争（〜1748） | 世界 乾隆帝が即位（1735） |
| 1745 | ドレスデンの和約 | 日本 徳川家重が江戸幕府9代将軍に（1745） |
| 1756 | 七年戦争（〜1763） | 日本 徳川家治が江戸幕府10代将軍に（1760） |

| | | |
|---|---|---|
| 1765 | ヨーゼフ2世が神聖ローマ皇帝になる | 世界 『社会契約論』刊行（1762） |
| 1780 | マリア・テレジアが死去、ヨーゼフ2世による単独統治 | 日本 天明の大飢饉（1782） |
| 1804 | フランツ2世がフランツ1世としてオーストリア皇帝になる | 世界 ロゼッタ・ストーンの発見（1799） |
| 1805 | ナポレオン軍によるウィーン占領（〜1809） | 世界 トラファルガーの海戦（1805） |
| | プレスブルクの和約 | 世界 スペイン独立戦争開始（1808） |
| 1806 | ライン同盟の成立、神聖ローマ帝国の解体 | 世界 ギリシャ独立戦争開始（1821） |
| 1814 | ウィーン会議（〜1815）、神聖同盟結成 | 世界 デカブリストの乱（1825） |
| 1821 | メッテルニヒが宰相となる | 日本 異国船打払令（1825） |
| 1848 | 三月革命 | 世界 ドミニカ共和国の独立（1844） |
| 1859 | ロンバルディア地方を手放す | 世界 太平天国の乱（1850〜1864） |
| 1866 | 普墺戦争 | 世界 南北戦争の終結（1865） |
| 1867 | オーストリア・ハンガリー二重帝国成立 | 日本 五稜郭の戦い（1868） |
| 1873 | ウィーン万国博覧会 | 日本 廃藩置県（1871） |
| 1878 | ベルリン会議でボスニア・ヘルツェゴビナの統治権を得る | 日本 西南戦争（1877） |
| 1889 | オーストリア社会民主党の結党 | 日本 大日本帝国憲法成立（1889） |

| 年代 | オーストリアのできごと | 世界と日本のできごと |
| --- | --- | --- |
| 1894 | キリスト教社会党の結党 | 日本 日清戦争（1894） |
| 1900 | フロイトの『夢判断』刊行 | 世界 パリ万国博覧会（1900） |
| 1905 | ベルタ・フォン・ズットナーがノーベル平和賞受賞 | 日本 日露戦争（1904） |
| 1908 | ボスニア・ヘルツェゴビナの併合 | 日本 伊藤博文暗殺（1909） |
| 1914 | サラエボ事件、第一次世界大戦が勃発 | 世界 第一次バルカン戦争（1912〜1913） |
| 1918 | オーストリア＝ハンガリー帝国が崩壊 | 世界 ロシア十月革命（1917） |
| 1919 | オーストリア第一共和国が成立 | 世界 五・四運動（1919） |
| 1920 | オーストリア共和国憲法が成立 | 世界 国際連盟発足（1920） |
| 1927 | 7月15日事件 | 世界 ソビエト連邦が成立（1922） |
| 1934 | キリスト教社会党によるオーストロファシズムの開始 | 世界 ナチの独裁政権開始（1933） |
| 1938 | ナチ・ドイツの侵攻により合邦（アンシュルス） | 日本 二・二六事件（1936） |
| 1945 | オーストリア第二共和国が成立 | 日本 広島・長崎に原爆投下（1945） |
| 1955 | 永世中立国として国際連合に加盟 | 世界 ワルシャワ条約（1955） |
| 1969 | イタリア政府が南チロルの自治権を承認 | 世界 人類初の月面着陸（1969） |

| | | |
|---|---|---|
| 1970 | ブルーノ・クライスキーが首相に就任 | 日本 大阪万博（1970） |
| 1980 | ウィーン国連事務局の設立 | 世界 オイルショック（1973） |
| 1983 | 社会党が敗北、クライスキー辞任 | 世界 チェルノブイリ原発事故（1986） |
| 1989 | ハンガリーとの国境開放、ベルリンの壁崩壊 | 日本 元号が平成に（1989） |
| 1991 | スロヴェニアとクロアチアの独立を承認 | 世界 ソ連崩壊（1991） |
| 1992 | オーストリア政府が国連で南チロル問題の終結を宣言 | 世界 欧州連合（EU）発足（1993） |
| 1995 | EUに加盟 | 世界 香港返還（1997） |
| 1999 | 自由党の躍進 | 日本 長野オリンピック開催（1998） |
| 2000 | 国民党と自由党の連立政権成立 | 世界 アメリカ同時多発テロ事件（2001） |
| 2005 | オーストリア未来同盟結成 | 世界 マドリード列車爆破テロ事件（2004） |
| 2009 | 大学の有償化を撤廃 | 世界 リーマンショックが発生（2008） |
| 2013 | 社会民主党と国民党の「大連立」 | 世界 アラブの春（2010） |
| 2017 | クルツが率いる国民党が第一党に | 日本 東日本大震災（2011） |
| 2019 | 国民党と自由党の連立が崩壊 | 世界 イギリスのEU離脱が決定（2016） |
| 2021 | クルツ首相が辞任 | 世界 新型コロナウイルスの大流行（2020～） |

# 参考文献


『図説オーストリアの歴史』増谷英樹、古田善文（河出書房新社）

『図説ウィーンの歴史』増谷英樹（河出書房新社）

『オーストリアの歴史』リチャード・リケット／青山孝徳訳（成文社）

『物語オーストリアの歴史』山之内克子（中央公論新社）

『物語ドイツの歴史』阿部謹也（中央公論新社）

『ドナウ・ヨーロッパ史』南塚信吾編（山川出版社）

『ウィーン・オーストリアを知るための57章【第２版】』広瀬佳一、今井顕編著（明石書店）

『ウィーン　都市の近代』田口晃（岩波書店）

『神聖ローマ帝国』菊池良生（講談社）

『マリア・テレジアとその時代』江村洋（東京書籍）

『マリア・テレジアとヨーゼフ２世』稲野強（山川出版社）

『ハプスブルクの文化革命』山之内克子（講談社）

『ハプスブルク家の光芒』菊池良生（筑摩書房）

『ハプスブルク三都物語　ウィーン、プラハ、ブダペスト』河野純一（中央公論社）

『ハプスブルクの音楽家たち』カミロ・シェーファー／早崎えりな、西谷頼子訳（音楽之友社）

『ウィーン音楽文化史（上）』渡辺護（音楽之友社）

『旅名人ブックス　ウィーン』沖島博美（日経BP企画）

『オリンピックでよく見るよく聴く国旗と国歌』吹浦忠正、新藤昌子（三修社）

『世界伝記大事典』（ほるぷ出版）

『チェコの伝説と歴史』アロイス・イラーセク／浦井康男訳（北海道大学出版）

『ウィーンのカフェ』平田達治（大修館書店）

『歴史地図オーストリア〈ドイツ語版〉』マンフレッド・ショイヒ（クリスティアン・ブラントシュテッター出版）

オーストリアの日刊新聞『デア・スタンダード』のネット版（www.derstandard.at）

統計資料サイト『スタティスタ』（de.statista.com）

[監修]
古田善文（ふるた・よしふみ）
1955年生まれ。獨協大学名誉教授。一橋大学大学院社会学研究科博士課程単位取得退学。専攻はオーストリア現代史（第一・第二共和国史）。共著書に『図説オーストリアの歴史』（河出書房新社）、『ウィーン・オーストリアを知るための57章』（明石書店）、『現代ドイツ情報ハンドブック』（三修社）など多数。

編集・構成／造事務所
文／尾登雄平、佐藤賢二、奈落一騎
ブックデザイン／井上祥邦（yockdesign）
イラスト／ suwakaho

世界と日本がわかる　国ぐにの歴史

# 一冊でわかるオーストリア史

2023年６月20日　初版印刷
2023年６月30日　初版発行

監　修　古田善文

発行者　小野寺優
発行所　株式会社河出書房新社
〒151-0051
東京都渋谷区千駄ヶ谷2-32-2
電話03-3404-1201（営業）
03-3404-8611（編集）
https://www.kawade.co.jp/
組　版　株式会社造事務所
印刷・製本　凸版印刷株式会社

Printed in Japan
ISBN978-4-309-81118-5